车主学堂系列丛书

女车主安全驾驶
全彩图解版

女车主的第一本驾驶书

范坤 编著

如何带孩子出行？
如何破解"女司机"魔咒？
如何克服新手上路最棘手的三种情形？

机械工业出版社
CHINA MACHINE PRESS

本书旨在帮助女性车主提高驾驶技术，破解驾车难题，书中重点针对女性车主最爱犯的驾驶错误、最容易忽略的驾驶问题，以全彩图解的方式讲解了日常生活、特殊天气条件、高速公路等不同场景下的驾驶方法，帮助女车主学习安全驾驶知识和技巧，迅速提升车感、车技。

本书适合女车主尤其是新手女车主阅读。

图书在版编目（CIP）数据

女车主的第一本驾驶书 / 范坤编著；— 北京：机械工业出版社，2019.9
（车主学堂系列丛书）
ISBN 978-7-111-63961-9

Ⅰ. ①女… Ⅱ. ①范… Ⅲ. ①汽车-驾驶术-基本知识 Ⅳ. ①U471.1

中国版本图书馆CIP数据核字（2019）第224743号

机械工业出版社（北京市百万庄大街22号 邮政编码100037）
策划编辑：赵海青　　　责任编辑：赵海青
责任校对：张 力 王明欣　责任印制：孙 炜
保定市中画美凯印刷有限公司印刷

2020年1月第1版第1次印刷
147mm×210mm·5印张·114千字
标准书号：ISBN 978-7-111-63961-9
定价：39.00元

电话服务　　　　　　　　　网络服务
客服电话：010-88361066　　机 工 官 网：www.cmpbook.com
　　　　　010-88379833　　机 工 官 博：weibo.com/cmp1952
　　　　　010-68326294　　金 书 网：www.golden-book.com
封底无防伪标均为盗版　　　机工教育服务网：www.cmpedu.com

写给女车主的一封信

亲爱的女车主：

　　在越来越庞大的有车一族中，女车主所占比例越来越大。驾着一辆装饰一新的爱车穿行在车海中的时尚女车主俨然成了一道风景。车改变着我们的生活，车不仅是一种交通工具，更是生活品质的象征。作为现代女性，开车是必备的技能。然而，在坊间"女车主"被贴上了驾驶速度慢、方向感差、驾驶技术不成熟，对机械操作无意识，情绪化、不冷静，判断决策迟缓犹豫，易犯低级寻范错误等诸多负面标签。甚至很多女性自己对开车上路都有一定的心理阴影，对驾驶充满了恐惧。有些女车主甚至因为害怕而放弃了开车，眼巴巴地羡慕别人可以享受驾驶的乐趣与出行的便捷。

　　据多项研究显示，女车主的驾驶速度从平均速度和最高分段时速两个维度来看，都与男性车主旗鼓相当，并不是所谓的开车慢。女性在驾驶习惯方面的表现较男性更为谨慎，急加速、急转弯的次数较少，疲劳驾驶的发生率较低，所驾驶车辆发生故障的概率也较低。当然，女车主由于对周围环境观察能力不足，导致急减速、紧急制动（刹车）的次数相对较多。

　　可见，女车主在驾驶习惯方面的优点很多，女车主只要掌握正确的驾驶知识，了解并养成良好的驾驶习惯，完全能够弥补在操控能力、空间感和瞬时判断力方面的生理差距，成为真正的驾驶"女王"并不难。

　　编者从事安全驾驶研究工作十多年，希望通过本书的出版，帮助女车主学习和掌握安全驾驶的方法,享受有车生活,尤其是下面三类女性,可以负责任地告诉您,不要怀疑自己,只要您相信自己,敢于迈进驾驶室,一定可以成为会开车的女人。

• 容易"晕车"的女性,一定要学会驾驶汽车,你会发现驾驶上自己的爱车,"晕"就会不知不觉地从您身上消失!

• 自认为是"路盲"的女性,不要怀疑自己,谁乘车都不记路;当您独立驾车后,就会知道自己记路的能力是如此强大!

• "胆小""胆怯"的女性,不要总是认为自己不是开车的料;只要您敢于踏进驾驶室,一定会感到自己是绝顶聪明的驾驶好手!

希望每个准备驾驶汽车或者正在驾驶的女性朋友,以及关爱女性亲朋好友的男性朋友都能多看一下这本书里的提醒,让它帮助您或您的爱人安全、快乐地享受驾驶生活。

目　录

写给女车主的一封信

第一章
安全驾驶第一步：熟悉爱车

一、如何选择第一辆车 / 003
二、懂车才能开好车 / 008
三、熟悉仪表警告灯 / 015
四、不能忽视的安全装置 / 018

第二章
驾车必知：起步、驾驶、停车

一、起步前必须知道的事 / 024
二、安全行车必须知道的事 / 034
三、安全停车必须知道的事 / 055

第三章
女车主新手上路必知

一、学会了解自己 / 067
二、如何破解女车主五大魔咒 / 068
三、如何破解最棘手的三种情形 / 076

Contents

第四章
驾校不教的"驾驶经"：安全、省钱

一、女性必知的安全常识 / 083
二、女车主必知的经济账 / 088

第五章
日常生活中的安全驾驶

一、住宅区开车 / 094
二、闹市变道 / 096
三、如何带孩子出行 / 100
四、驾车出行带不带宠物 / 106

第六章
特殊环境条件的驾驶诀窍

一、夜间驾驶诀窍 / 111
二、雨天驾驶诀窍 / 115
三、雾（雾霾）天驾驶诀窍 / 117
四、雪中驾驶诀窍 / 120
五、山路驾驶必须知道的事 / 128

第七章
快乐的高速公路驾驶

一、谨慎驶入高速公路 / 139
二、高速公路愉快驾驶 / 144

第一章
安全驾驶第一步：
熟悉爱车

女车主的
第一本驾驶书

> 女性学习驾驶最缺少的是什么？

女性具有心细温柔、感情脆弱、优柔寡断、动作缓慢的特点。女性在驾校学习时，都会得到教练员比较温柔的对待，在优越的条件下学习驾驶，会使女学员缺少学会驾驶最重要的东西：严格和压力。这会给女车主在今后单独驾驶车辆上路时带来很多的问题，具体表现就是驾驶车辆处理情况不果断，技术不过硬，行车经验不足，适应能力差。

对于新手女司机而言，拿到驾照后要想熟练驾驶，还需要有一辆自己的爱车勤加练习。

一、如何选择第一辆车

由于新手普遍对汽车不了解，在选车这个问题上往往既兴奋又头疼，那么该如何选择自己的第一辆爱车呢？

1）买车之前应当对车型进行定位。了解车辆的型号分类，能够帮助您快速锁定心仪的车辆类型。

> **提示**
> 新手的第一辆车不要选太大的，车身尺寸应大小适中，灵便而不笨重，紧凑型车、小型车、微型车比较适合新手练车。

2）选一辆"好开"的车。新手选第一辆车，最重要的不是车辆的空间、外观这些因素，而应当是一辆"好开"的车，能够帮助新手比较容易地建立正确的驾驶观。

> **提示** 买车时应当侧重从车辆是否符合操控性好、转向精准、变速器挡位清晰、动力输出顺畅不顿挫、制动力均匀、安全配置高等方面进行考量。

一起来学习关于汽车的基础知识，帮您更好地选择爱车。

1. 汽车的型号

汽车的型号有多种多样，不同品牌的汽车都有多种型号。

微型车

微型车被称为A00级车，这个级别的汽车轴距一般为2.0~2.3米，车身长度在4.0米以内，搭载的发动机排量在1.0升左右，如斯玛特、奥拓、奇瑞QQ3。

小型车

小型车被称为A0级车，这个级别的汽车轴距一般为2.3~2.5米，车身长度为4.0~4.3米，发动机排量为1.0~1.5升，如POLO、赛欧。

紧凑型车

紧凑型车被称为A级车，这个级别的汽车轴距一般为2.5~2.7米，车身长度为4.2~4.6米，发动机排量为1.6~2.0升，如英朗、高尔夫、福克斯。

第一章 安全驾驶第一步：熟悉爱车

中型车

中型车被称为 B 级车，这个级别的汽车轴距一般为 2.7~2.9 米，车身长度为 4.5~4.9 米，发动机排量为 1.8~2.4 升，如宝马 3 系、雅阁。

中大型车

中大型车被称为 C 级车，这个级别的汽车轴距一般为 2.8~3.0 米，车身长度为 4.8~5.0 米，发动机排量超过 2.4 升，如奥迪 A6、奔驰 E 级。

豪华车

豪华车被称为 D 级车，这个级别的汽车轴距一般超过 3.0 米，车身长度超过 5.0 米，发动机排量超过 3.0 升，如奔驰 S 级、劳斯莱斯幻影。

发动机是车辆的动力之源，评价发动机性能最常用的指标有排量、最大功率、最大转矩。

1）排量：一般来说，汽车排量越大，发动机输出的功率越大。对带涡轮增压发动机来说，1.8T 的发动机动力可以达到 2.4 升的水平，但耗油量却与 1.8 升的发动机差不多。

2）最大功率：指一台发动机所能实现的最大动力输出。随着发动机转速的增加，发动机的功率也相应提高，但到达一定转速后，功率就不会再增加了，而会呈下降趋势，所以标注最大功率时会同时标注相应的发动机转速。

3）最大转（扭）矩：转矩越大，发动机输出的"劲"越大，汽车的爬坡能力、起步速度和加速性也越好。转矩随发动机转速的变化而变化，标注最大转矩时会同时标注对应的转速或转速区间。最大转矩一般出现在发动机的中、低转速的范围。

女车主的第一本驾驶书

2. 发动机性能

在副驾驶室车门下方或者发动机舱的保险盒上可以找到一个铁制的铭牌，上面记录着发动机型号信息。

3. 自动挡汽车及驾驶注意事项

自动挡汽车没有离合器，驾驶起来非常方便，深受女车主的欢迎。

常见的自动挡变速器挡位

P位（驻车挡）：驻车起动发动机时使用。

R位（倒车挡）：倒车时使用。

N位（空挡）：临时停车或换挡时使用。

D位（驱动挡）：正常行驶中使用。

3位（三挡）：在市区交通繁忙地段低速行驶使用。

2位（二挡）：在较长距离爬坡或下坡选用。

1位（低速挡）：在上下非常陡的坡时选用。

⚠️ **注意事项**

1）不能挂空挡滑行。空挡滑行会增加齿轮的磨损，长此以往对变速器的损坏是非常严重的。

2）不能D位到底。长期使用D位不换挡很容易导致变速器损伤。开自动挡汽车，也需要根据驾驶情况变换挡位。

3）不能直接挂P位锁车。有的车主在停车时会直接挂P位锁车。正确操作：先踩制动踏板挂入N位，然后拉紧驻车制动手柄（手刹），最后再切换到P位。

4）不能没停稳就挂倒车挡。驾驶自动挡汽车停车的时候，新手很容易因为着急，在车还没有停稳的时候就直接挂倒车挡。这会使齿轮磨损，也会使变速器加快损坏。

第一章　安全驾驶第一步：熟悉爱车

5）只有在"P"位位置，才能起动发动机；起步时，只有踏下制动踏板，才能从"P"位换入其他挡位；停放后，只有在"P"位才能拔下点火钥匙。踩踏制动踏板，必须用右脚。

4. 四轮驱动汽车与驾驶注意事项

四轮驱动汽车有多种驱动形式，其优点是路面适应能力强，稳定性好，轮胎磨损均匀；缺点是整车质量较大，造价高，油耗大。常见的四轮驱动汽车很多，例如普拉多、宝马X5、沃尔沃XC90等。

⚠️ **注意事项**

1）普通道路不要使用差速器：差速器是为防止一侧车轮打滑无法驱动才需要开启，在普通道路特别是在转弯路段开启差速器，很有可能因为车辆左右轮胎摩擦不平衡而出现侧翻。

2）不要带挡切换四驱模式：带挡切换四驱模式，就相当于在空挡的情况踩离合踏板，最好是在车辆静止的情况下进行驾驶模式切换，以防止车轮反作用于分动器。

3）陷车时不要大力踩加速踏板(油门)：在陷车时大力踩加速踏板，会让轮胎越陷越深，应尝试挂倒挡将车退出陷车地点，或者停车熄火之后在车下垫一块砖头再尝试，切不可胡乱操作。

4）转弯速度不要过快：四轮驱动汽车重心高，特别是对于一些轮胎很大的越野车来说更是这样，遇到急弯行驶时，四轮驱动汽车更容易发生侧滑甚至侧翻。

5. 轮胎的型号及使用注意事项

在轮胎的顶部会看到一串由数字和字母组成字符，其主要表明的是轮胎的型号。

轮胎型号图

轮胎规格：205/55 R16

[胎面宽度] 205 毫米
[扁平比] 55%
[外径] 16in

轮胎花纹：PRIMACYLC

速度级别：
W（最高速度270千米/时）
载重指数：
91（最大载重量615千克）

注：换胎要注意型号，备胎一般不可长时间使用。

⚠ **注意事项**

1）轮胎气压要随时检查。汽车轮胎气压应该控制在2.3~2.5巴（1巴=10^5帕），长时间胎压过高或过低都会引发爆胎的危险。

2）避免磕碰轮胎。在平时驾驶时多注意路况，避免经常在不平整的路面行驶，在过减速带或者上下马路牙子的时候一定要控制好速度，减少对轮胎的冲击。

3）注意检查轮胎磨损状况，及早发现轮胎有无鼓包、裂缝、割伤、扎钉、老化或不正常磨损，要查看轮胎花纹沟槽的深度，如果轮胎磨损接近磨损标志，应尽快更换轮胎。

二、懂车才能开好车

接到新车后，就好像认识新朋友一样，一定要认真阅读新车的使用说明书。对新车的外观、驾驶操纵件、车内的设备、发动机舱等，都需要接触和感觉一下。虽然多数配置都不陌生，但区别还是有的，为了让自己不要因为不了解车辆而在驾驶时手忙脚乱、慌里慌张，前期的准备还是很有必要的。

1. 认识爱车

对新车的车身、各种灯光和信号装置、轮胎、号牌、驾驶室各种开关、按钮等外观，都要重新认识一下，这对行车安全是十分重要的。尤其是汽车上有很多的灯光和信号装置，前照灯、转向灯、尾灯、制动灯、示廓灯、防雾灯、号牌灯等在车身的什么位置，是什么样的颜色，作用是什么，都需要了解清楚。认识车身上的这些装置的目的，并不仅仅是为了加强对自己车的了解，更重要的是行车中对观察其他车辆的灯光和信号帮助极大。

重新看一下新买的爱车吧！

需要打开发动机舱盖、行李舱盖、油箱盖检查时，很多女性找不到开关，甚至开错开关。这些开关在不同的车型，位置可能有一定的区别，但标识都是一样的。只要根据标识找到开关的位置，就能顺利打开它们。

发动机舱盖开关、行李舱盖开关、油箱盖开关

提拉或按下有这个标识的手柄，油箱盖开启

提拉或按下有这个标识的手柄，行李舱盖开启

提拉或按下有这个标识的手柄，发动机舱盖开启

2. 认识车内的新设备和标识

现在,坐进驾驶室重新认识一下车内的装备,对即将开始的驾驶很有益处。你还知道汽车各部位的名称吗?对之前没有接触过的按钮、仪表、部件,你知道它有什么作用吗?

有的驾驶人不熟悉车辆就急于驾车上路,可能会出现想开前照灯,却开成了刮水器(雨刮);在加油站想打开加油口盖,却开成了行李舱盖。驾驶前对车内装备的重新认识,是安全快乐驾驶的第一步。

品牌不同、配置不同的汽车,其内部设备会有所不同,有的区别还很大。学习驾驶用的教练车,配置都很简单,各种标识和符号一目了然,容易记住。家庭用车的配置普遍高于教练车,各种新功能、新配置,再加上一组组英文字母,可能会使您眼花缭乱,不知如何使用。尤其是面对新车,很可能会不知所措,显得非常尴尬。其实,只要能记住一些重要的标识,就能避免出现这种场景。

这些仪表,你都知道表示什么吗?		
转速表		显示发动机转速,单位表示为转/分(r/min)。转速表上标有红色示警区,发动机转速不得达到红色示警区
速度-里程组合表		速度表显示车辆的行驶速度,单位是千米/时(km/h) 里程表显示累计行驶总距离(里程数),没办法归零重置。日(单程)里程表显示行驶距离(里程),用于记录一天或某段区间的距离(里程数),按重置按钮可以归零

水温表			显示发动机冷却液的温度,指针指向"H"区,表示温度过高,指向"C"区,表示温度过低,两个字母之间位置表示温度正常
燃油表			显示燃料余量,燃油表灯亮起时,应尽快前往加油站加油

这些常见标识,你都知道表示什么吗?

 车灯总开关	 近光灯开启	 远光灯开启	 位置灯开启	 前雾灯开启
 前照灯水平手调	 转向灯开启	 危险报警灯开启	 燃油不足报警	 发动机温度过高
 机油压力低报警	 电路故障报警	 制动故障报警	 ABS故障报警	 发动机故障报警
 冷暖风扇开启	 空气外循环开启	 空气内循环开启	 空调制冷开启	 地板迎面吹风
 迎面吹风	 地板及风窗吹风	 前风窗玻璃刮水	 前风窗玻璃洗涤	 前风窗玻璃除霜
 后风窗玻璃洗涤	 后风窗玻璃除霜	 雪地起步模式	 喇叭按钮	 儿童安全锁

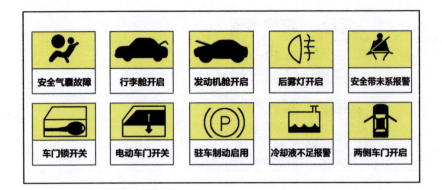

3. 认识发动机舱

在驾校学车时，对车辆的认识都是很简单的，一般都不会专门地去学习。再者，教练员在学员上车之前就把车辆都调整好了，学员很容易忽视车辆。由于车辆知识的缺失，造成很多学员自己驾车后，不知道如何添加易耗液体，甚至出现把玻璃清洗液加进了机油

回顾一下这些都是干什么用的？

补充风窗玻璃清洗液时，打开有这个标识的盖子，加注清洗液

箱或制动液箱里的错误，这些都会对发动机和相关设备造成严重损坏，甚至会导致致命性的事故。

打开发动机舱盖重新熟悉一下这些部位，避免由于易耗液体添加错误造成的损坏，对于行车安全也是很重要的。

4. 熟悉不同的驾驶操纵件

很多女性新手都会疏忽一个很关键的问题，就是驾校用的教练车与自己的车在操作感觉上是有区别的。在驾校用的教练车，其座椅、方向盘、制动踏板、加速踏板、离合器踏板、驻车制动杆（手刹），与高配置或不同品牌车的位置区别不大，但驾驶感觉会不一样。要重新感觉一下它们，这对驾驶安全很重要。

操纵装置

调整好座椅，方向盘的自由行程、踏板的行程都要重新体验，这样可以避免起步闯动、加速过快、制动过急、停车熄火。更重要的是可以避免因为操作不熟练，在路口起步、停车时熄火造成拥堵，而被其他驾驶人埋怨。

女车主的第一本驾驶书

上车后第一件事是要先进行调整，找到舒服的驾驶位置

调整座椅

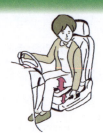

5. 熟悉各种灯光开启的方法

很多女性在实际驾驶的时候，不会正确使用各种灯光开关的操作。新手上路前有必要再将灯光开关的操作方法复习一下，免得在其他人面前因找不到开关而尴尬。不同的车型，灯光开关的位置略有区别，但标识是一样的。只要根据标识提示，会很快找到开关的位置，开启灯光。

灯光开关的使用方法一定要牢记

向下拉这个手柄，左转向灯亮　　　向上推这个手柄，右转向灯亮

转动手柄,将刻度线对准这个标识,前雾灯亮起

转动手柄,将刻度线对准这个位置,后雾灯亮起

转动手柄,将刻度线对准这个标识,前照灯亮起

旋转手柄,将刻度线对准这个标识,示廓灯、尾灯、牌照灯、仪表灯同时亮起

三、熟悉仪表警告灯

在驾驶过程中,经常会遇到仪表警告灯点亮。新手很容易因为不了解仪表警告灯的含义导致惊慌失措,不仅可能因不当处置造成车辆损坏,还可能因心里紧张而误操作,继而引发事故。下面就一起再熟悉一下仪表警告灯吧。

面对新车上自己没有见过的按钮或仪表、部件,要了解清楚它起什么作用。坐在车上一边查看汽车使用说明书一边确认警告灯、开关、按钮与仪表的位置,再试着调试一下功能,很快就能掌握了。

1. 记住这些警告灯

你知道这些警告灯亮时,该怎么办吗?

机油警告灯	安全带警告灯	充电警告灯	驻车制动警告灯
发动机缺机油时亮灯,要及时进行补给	驾车没系安全带时亮灯,为了安全,一定要在上车时就系好安全带	电池电解液不足时亮灯,可以前往维修厂、加油站进行检查	驻车制动器操纵杆没放下时亮灯,放下就会灭掉。制动液不足时也会亮起
ABS警告灯	燃料余量警告灯	关门警告灯	发动机警告灯
防抱死系统异常时亮灯,应立即将车送到修理厂去	燃油不足时亮灯,要及早去附近的加油站加油,以免油箱空了	车门或行李舱门没关好时亮灯,要关好车门或行李舱门	发动机异常时亮灯,这时不要继续行驶,应按照说明书进行检查

2. 记住这些开关、按钮

你知道这些开关、按钮如何使用吗?

门锁按钮	车窗玻璃升降按钮	儿童锁开关
各车门都有单独的门锁按钮,按下按钮锁门,抬起按钮开锁。在驾驶座椅侧门上有按钮可以给所有车门开锁或关锁	各车门都有单独的车窗玻璃升降按钮(摇把),控制车窗玻璃升降。在驾驶座椅侧门上有按钮可以升降所有车门的车窗玻璃	在两侧后车门上都设有儿童锁开关,关闭儿童锁开关后,只能从外面打开车门,从车内打不开车门,以防儿童坐在后排随便开门

第一章　安全驾驶第一步：熟悉爱车

加油口按钮	**行李舱开关**	**发动机舱盖开关**
按下（抬起）加油口按钮，可以打开加油口盖以便加油；关闭时只能从车外面按下加油口盖	在驾驶座附近设有行李舱开关（拉手），打开开关，行李舱锁打开，行李舱盖弹起；关闭时只能从车外面按下行李舱门	在驾驶座附近设有发动机舱盖开关（拉把），打开开关，发动机舱锁打开，发动机舱盖弹起；关闭时只能从车外面按下发动机舱盖

车灯组合开关（杆）	**雾灯开关**	**刮水器（雨刷）操作杆**
向上拨，左转灯亮，向下拨，右转灯亮；向前转动1挡，小灯亮，向前转2挡，前照灯亮；往前推，远光灯亮，往后拉，近光灯亮；拉推组合，远近光交替变换	打开前雾灯开关，前雾灯亮；打开后雾灯开关，后雾灯亮；有的车只有在示宽灯或边灯、近光灯或远光灯亮时，才能打开雾灯开关	操作杆上下拨动可以调节刮水器的刮水速度，大部分车型设有自动挡，可根据雨量大小自行调节刮水速度。操作杆向内压，可喷出玻璃清洗液（玻璃水）

现在对照您的爱车看一看，车里的开关、按钮，您都知道是什么用途吗？

⚠ 注意

新手容易犯的失误

这样开车的人都是新手,需要注意!说不定自己也会在不经意间犯这些错,反省一下看看自己是不是也犯过这些错误。

01 制动灯常亮
有些新手因为害怕,脚一直踩着制动踏板,车的制动灯就一直亮,这样会让后面的车子误解

02 忘关转向灯
由于不熟练和紧张,新手经常会忘记或不及时关转向灯,这会让其他车辆误解

03 打错转向灯
有些新手右转打左转向灯,打了转向灯后没有意识到方向反了,没有注意观察突然直接拐向另一边。这极易使后车误解,从而导致事故发生

四、不能忽视的安全装置

汽车上配备了各种各样的安全装置,用来避免交通事故的发生或在发生事故时减轻驾乘人员的受伤程度。安全装置如果使用不当,反而会加大危害。女车主如果掌握了这些安全装置的特性,并能正确地使用,可以大大减少驾车中的风险。

1. 安全带

安全带被誉为"生命带",是一种极其有效的安全防护装置。当遇到碰撞或者紧急制动时,安全带会将驾乘人员牢牢地固定在座

椅,不会碰到风窗玻璃或者被甩出车外,有效防止发生二次碰撞。在发生碰撞事故时,系好安全带的存活机会是不系安全带的两倍,同时可以将受伤的概率降低50%。因此,不论在高速公路、低等级公路,还是城市道路,安全带都同样重要。为了您的生命安全,关爱自己和他人,从系好安全带开始。

2. 安全气囊

安全气囊在碰撞事故中会迅速打开,可以防止驾乘人员的身体撞到方向盘或车窗玻璃上。安全气囊与安全带一起使用才能实现对驾乘人员的保护。千万不要认为有安全气囊的汽车就可以不系安全带,恰恰相反,系好安全带是发挥安全气囊保护作用的一个重要前提条件。如果不使用安全带,安全气囊弹出时可能使人受到致命伤害。

在前排乘员安全气囊上一般贴有警告标志，前排乘员座位（副驾驶座）上严禁使用背对行驶方向的儿童座椅。让孩子独自坐在前排位置也是非常危险的，如果抱着小孩坐在前排座椅上，更是非常危险。带孩子乘车，一定要让孩子坐在后排儿童安全座椅内，系好安全带。

孩子坐在这个位置有生命危险！

3. 防抱死制动系统

现在的家用轿车大多装有防抱死制动系统（ABS），这个装置能够在汽车紧急制动时自动防止车轮抱死，保证车辆的行驶方向仍能得到控制。当防抱死制动系统起作用时，驾驶人的右脚若放在制动踏板上，脚底会感觉到从制动踏板下面传来的振动，此时不要紧张，这是很正常的，可继续用力踩制动踏板。切记，有了 ABS，制动效果会好一些，但不要以为有了 ABS 就可以晚一些采取制动措施。ABS 最重要的作用是保持车辆行驶方向的稳定性，不能缩短制动距离，提前采取制动措施还是必须的。

第二章
驾车必知：
起步、驾驶、停车

女车主的
第一本驾驶书

要诀：先过心理关

女性在初次单独驾车时，一般都会由于驾驶技术不熟练、适应性差、长时间处于紧张状态而急出一身汗，甚至会失去驾车的信心。找自己的那一位陪一下吧，在车内净是吵架；找陪练吧，也真是挺贵的。无奈之下，大着胆子硬着头皮自己出去闯一下，危险也就会接踵而来。

渴望成为"会开车的女人"，拿到驾照后一定要有车开。如果自己不开车，驾驶技术就不会提高，时间一长，驾校学到的那点基本功很快就会还给教练了。很多女性在考取驾照后，都对自己提出一个同样的问题：我敢单独驾车上路吗？答案是：只要有车开，谨慎驾驶，慢慢适应，早晚都会熟练驾车的。

女车主的第一本驾驶书

自己不开车,驾驶技术怎么会提高?还是开车去吧!

一、起步前必须知道的事

在驾驶汽车起步前,有几件事是有必要做的:检查车辆和周围的环境,矫正一下自己的驾驶姿势,坐进驾驶室内进行必要的调整和观察,检查系好的安全带,这些都是有利于驾驶安全的良好习惯。

1. 养成行车前检查车辆状况的习惯

为了不使驾驶的汽车在途中抛锚,养成行车前检查车辆状况的习惯是十分必要的,既可以避免汽车存在安全隐患,又能使自己方便舒适地观察和操作,在很大程度上保证了行车安全。

很多女车主由于没有检查车况的良好习惯,上车起动就走,在路上经常会出现燃油量不足、轮胎气压低、发动机温度高等情况,把车扔在路上需打电话等待救援,耽误时间,增加花费还是小事,因车辆异常导致手忙脚乱操作失误,以致损毁车辆发生事故,才是最令人痛心的事。

第二章 驾车必知：起步、驾驶、停车

驾车前主要检查发动机舱内各种运行油液的情况，包括燃料、发动机润滑油、冷却液、风窗玻璃洗涤液、制动液、助力转向液（如果有助力转向功能）；检查所有的车灯是否完好，包括照明和信号装置，特别是不要忘记检查制动灯和倒车灯；检查轮胎的气压、花纹、磨损，清理沟槽里夹杂的异物，也是很重要的。

⚠ **注意事项**

在正常进行定期保养时，日常检查要点，请记住"两有三正常"。

1) 有无燃油。
2) 有无玻璃清洗液。
3) 自检警告灯是否正常。
4) 胎压是否正常。
5) 灯光是否正常。

2. 上车前一定要检查车的周围

在驾校学车的时候,考试项目就要求上车前检查周围。上车前仔细检查车周围情况的习惯,对保障行车安全很重要。由于坐在驾驶室里,观察视线存在着盲区,有很多通过风窗玻璃和后视镜都观察不到的地方。如车底下的小动物,车边玩耍的孩子,车轮旁的钉子,半开着的行李舱盖等都会威胁着起步安全。一定要养成上车前观察车周的好习惯,无论在什么时候、什么地方上车,都要先仔细看一下车的周围和底部,排除潜在的危险因素。

⚠️ 注意

很多人在驾驶熟练后,就容易忽略上车前的检查环节。记住:这个步骤很重要,一定要养成良好的习惯。尤其当驾驶环境改变时,比如停车场所与平时不同,或者所用车辆与平时不同时,一定要检查。

01 检查车辆周围
看看车前、车后有没有小孩子在玩耍,看看有没有小猫、小狗等小动物躲在车下,车附近有没有什么障碍物。绕车走一圈,有很大作用,千万不要忽略这一习惯。

02 检查轮胎状态
离车稍远一点,看看车轮与地面的接触面判断轮胎气压是否不足。也不要忘记看看车轮有没有压到小石子、钉子之类的异物。

上车前一定要进行检查

3. 上下车的姿势

女士驾驶时上下车的高雅仪态,展现着女士得体的形象和优雅的气质。

在上车时,要注意自己的姿势。开车门动作幅度不要太大,要轻松地将门打开,采用背入式,即背朝座位站立,上半身稍前倾,注意别撞到头,臀部顺势坐在座位上,然后以臀部为支点旋转,两脚并拢移到车内。试想一下,如果穿裙子上车时,两脚先后移进驾驶室,是不是很不雅观?关门时不要用力太大,要注意整理好裙子或大衣的衣摆,不要被门夹住,这样不但不雅观,而且还危险。

上车一定要优雅!

下车时的动作与上车时程序相反，应采用正出式，即正面朝车门，双脚先一起着地，再将上身头部伸出车外，同时起立。下车后立定再用双手关上车门，切忌用力甩车门。

⚠️ 注意

下车前一定要注意扭头观察左后方有无行人来车，确定安全后方可推开车门。下车时，上半身和一条腿先出车外就太不好看了，一定要记住两腿并拢移出车外后再起身。

4. 驾车前必要的调整和观察

很多女性上车后没有按照自己的身体需要对座椅、头枕、后视镜等进行调整，匆忙起步后才发现座椅不合适、安全带没系好，后视镜角度不对，感到驾驶操作别扭、不舒服，加速、换挡、制动、减速动作不到位。如果在行进中再进行调整，那可是十分危险的，新手更容易发生事故。

⚠️ 注意

切记，在起动发动机之前，一定要调整好座椅、头枕、后视镜的位置，绝对不允许在汽车行驶过程中进行调整。

01 检查调整座椅
在驾驶座上，如果感觉和最佳坐姿一样，直接开始驾驶没什么问题。如果换了车或者之前有谁可能调整过座椅，就要进行调整。

02 千万不要忽视头枕的作用
在发生追尾事故时，头枕能保护颈椎，从而避免更大的伤害。如果行车前不根据自己的身高调整头枕高度，头枕就不能发挥保护作用，就仍存在着颈椎这一要害部位被伤害的危险。

03 调整和观察后视镜
后视镜是行车中获得侧后方信息的重要装置，必须在行车前调整好内、外后视镜的角度。这样可以减少视线盲区，让自己能够看清周围环境更多的情况。新手不知道后视镜如何调整、观察是常见的现象。

04 检查制动装置
试踩制动踏板、试拉驻车制动杆时，感觉行程是不是和平时一样，看看有没有异常。制动踏板附近如果有空罐之类杂物，驾驶时就可能招致危险，勿忘检查制动踏板周边。

05 检查照明
检查转向灯、危险警告灯、远近光灯、制动灯、尾灯等是否有效。如果车前或车后有墙壁，则正好用灯光打上去，这样查看的效果会更明显。

06 检查玻璃清洗液
试喷一下玻璃清洗液，清洗前风窗玻璃，确保视野清晰。如无玻璃清洗液，及时添加。

07 起动发动机后，观察仪表和警告灯信号是起步前最基本的要求。仪表和警告灯信号会在第一时间内指示汽车出现了什么异常，为判断汽车的技术状况提供信息。起动发动机后，要仔细观察各仪表的工作状况，如发现异常现象或警告灯报警时，应及时关闭发动机查找原因，哪怕一点小的安全隐患，也不能放过。

5. 一定要系好安全带

穿着讲究的服装开车时，能不能因为怕弄皱衣服就"放弃"系安全带呢？答案当然是不能。有的人则认为在车速不快的市区，不系安全带问题不大。其实不然，不系安全带是很危险的做法，轻则吃罚单，重则危及生命。为了安全起见，安全带是必须要系的，如果怕弄皱衣服，可以在安全带上配上软软的安全带套，减少对衣服的摩擦，这样就安全、漂亮两不误。

只要配个安全带套,就不会弄坏衣服了!

调整并系好安全带,要成为一种行为习惯。可根据自己的体型对安全带的长度进行调整,让安全带的肩带正好位于肩部中心并跨过锁骨位置,腰带放在髋部。安全带要平铺贴身,不要缠绕扭曲。在迅速抽拉安全带时,安全带应当能自动锁紧。

准妈妈系安全带的要求比常人更严格,安全带的肩带应置于肩胛骨的地方;肩带部分应该以穿过胸部中央为宜,腰带应置于腹部下方。身体要尽量坐正,以免安全带滑落,压到胎儿。

注意保护胎儿!

第二章 驾车必知：起步、驾驶、停车

> ⚠️ **注意**
>
> 切记，系安全带并不仅仅是对自己的要求，车上的每一位乘员都要系好安全带，这才是最安全的。

6. 如何调整正确的驾驶姿势

01 正确驾驶姿势的优点

1）**靠枕位置正确** 靠枕位置正确，既可降低被追尾时的冲撞，又能在停车时支撑头部休息。

2）**安全带不要扭曲** 安全带不要扭曲，也不要松动，可防止发生事故时撞头或者身体飞出车外。

3）**座椅调整合适** 座椅调整合适，以便于踩加速踏板、制动踏板，并保障驾驶时腿脚舒适。

4）**方向盘调整到位** 方向盘调整到位，既不妨碍观察仪表板的仪表，又不妨碍前方视线。

02 用身体记住舒适的姿势

1）找到自己的最佳姿势，正确地坐在驾驶座上，可以适当力度控制加速踏板和制动踏板，当然也可以流畅地操纵方向盘。

2）尽量靠紧椅背，臀部尽量后靠，为了万一需紧急制动时能够发力。

3）**正确的驾驶姿势是安全省力的前提** 一开始也许不习惯，但长此以往身体会记住正确的姿势，就不容易疲劳。在身体养成习惯之前，驾驶时要刻意留心保持正确的驾驶姿势。

03 亲身体验选择最佳位置

仅仅留意驾驶姿势是不够的，要根据身高、体型不同等情况找到各自的"最佳位置"。只有调整到适合自己的正确位置，才方便自己轻松地驾驶。驾驶姿势对了，有些之前觉得"不知为何就是感觉开车很难"的人可能就已经解决了遇到的问题。

01 正确的座椅位置!

调整座椅位置:

先将座椅调至最高,左右脚跟伸向地板,慢慢调整至感觉最轻松的位置。最好能使右脚将制动踏板踩到底时,膝盖略弯曲。

调整后的座椅位置:

- 能轻松地操纵所有的操纵装置。
- 握住方向盘的时候,手臂能自然放松。
- 脚能自然地接触地板。
- 能将制动踏板和离合器踏板踩到底。
- 头枕能够有效地支撑您的头部。

02 正确的头枕位置!

调整头枕位置

按下座椅头枕锁止按钮,根据自己的身高上下调整座椅头枕的高度,让座椅头枕中心与眼睛等高度,过高或过低都会存在安全隐患。

03 调整好方向盘位置!

调整方向盘位置

在方向盘下方有操纵杆能进行方向盘位置调节。调整方向盘位置时,应使之不触碰大腿,不干扰前方视线,也不妨碍观察仪表板。

调整安全带

调整安全带的位置和高度,锁舌插入锁扣时,腰部安全带必须在腰骨之上,过胸的安全带必须经过锁骨位置与胸口。勿忘检查安全带是否扭曲。

调整后视镜位置

车外后视镜镜面靠内的 1/3 应能反映本车情况,镜面靠下 1/3 反映地面情况,车内后视镜正中 1/3 反映后续车辆情况,镜面上方 1/3 反映天空或其他背景情况。

7. 常见的不正确驾驶姿势

全身前倾

全身前倾时,身体僵硬容易疲劳,握住方向盘的手操作也会不灵活,不仅不利于停车或起步,而且在紧急情况下,会来不及反应,很危险。

抬下巴

这种姿势常见于女性,有些人为了看清前方,会不自觉地抬起下巴,此时视线只集中于前方,视野受限,也很危险。

座椅太倾斜

座椅过于倾斜时,手脚会过分伸张,难以应对紧急情况。此外,这种驾驶的视野不佳,有可能使驾驶人忽略驾驶时的一些危险要素。

安全带只绕在腹部

当遇到事故时,如安全带绕在腹部,会使人体腹部受到压迫,可能导致内脏破裂。过腰的安全带一定要绕在腰部。

> **小提示**
>
> **记住"方向盘锁定"功能可有效防偷车**
>
> 汽车都有"方向盘锁定"功能,在点火开关未插入钥匙时,车子无法开动,可有效防止车辆被偷。发动机熄火后,拔出点火钥匙,转动方向盘,即可进入"方向盘锁定"状态,此时方向盘就不能转动了。再次起动发动机后,解锁方式是一边转动方向盘一边转钥匙。如果不转动方向盘,就打不开点火开关。

二、安全行车必须知道的事

1. 速度千万不要太快

女性新手要千万记住,要选择适合自己的速度行驶,哪怕开始把汽车当自行车驾驶都行，千万不要盲目地加速。选择行驶速度的快慢，对于女性来讲，是一件很重要的事。车速太快，往往会使人感到道路上的各种动态看不过来。两眼直直地看前方，紧张得手忙脚乱，处理情况过晚、制动过急、追尾和被追尾成了家常便饭，甚至还会发生重大的交通事故。只要自己感到不紧张，能够看清前方的道路情况，顾得上看两侧的后视镜，能够做到说停就停，要走就走，减速时不感到太急，这样的车速才是适合您的最佳速度。

安全第一，速度要适合自己！

2. 要保持好跟车距离

女性新手发生追尾事故的较多，最主要的原因就是跟车距离太近。遇到前车制动过急时，新手往往只能毫不犹豫地撞向前车的尾部。大多数新手会连制动都没来得及踩，就直接撞上去。跟车距离到底多少才最安全？对于新上路的女性来说，这是一个必须克服的难题。

很多女性根本不理会前人总结的经验，往往用追尾的方式去亲身体验一下才知道不能跟车太近。用这种方法总结出的经验和教训代价太大了。

跟车距离还是太近了！

车感不强的女性要想避免追尾事故，就要在驾车时针对自己的特点始终与前车保持安全的车距。当前车制动或停车时，保证自己有足够的时间和距离减速或停车。即使遇到前车采取紧急制动时，也能够及时采取减速措施而不至于一头撞上去。同时，行车中要注意观察前车的动态，时刻关注前车的制动灯，随时做好减速的准备，以预防追尾事故的发生。

这个距离安全！

第二章 驾车必知：起步、驾驶、停车

跟车行驶

01

前面出租车要停车！

不跟出租车

跟在出租车后面，一定要特别小心，不要跟得太近，并随时注意出租车的动态。空驶的出租车要在路上找客人，一旦有人招呼，可能会不开转向灯就随时停车。载客的出租车可能会因客人突然确定下车地点，不开转向灯就突然靠边停车。女性驾车最好不要跟在出租车后面，以防发生追尾事故。

02

跟这种车要保持大距离！

不跟实习车

看到贴有"实习"标志的汽车，要保持较大的跟车距离，如果可以，最好还是不要跟在"实习车"后面行驶。这类新手的驾驶技术不熟练，心理不稳定，适应能力差，对路况不熟悉又没有行车经验，驾车时经常犹豫不决，或临时起意突然变道或突然停车。一旦遇到新手突然改变主意，就会造成后车因避让不及而发生追尾事故。

037

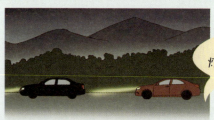

03

车距一定要保持在灯光照射范围内!

夜间跟车

夜间跟车行驶时,车速更要适当放慢,以保证车辆的制动距离在前照灯照亮的距离之内,从而能及时应对危险情况。由于在夜间很难判断跟车距离,当发现前方有车辆时,要控制好车速,保持较大的车距,尽量不要超车。

3. 窄路会车要及早避让

在窄路(巷)驾驶汽车遇到前方来车想退回去时,后面也来车了,此时,新手往往会紧张得不知所措。遇到这样的情况,不要紧张,如来车距离自己还远,应找宽阔些的地方及早过去停车等待对方经过。这样既避免了两车相遇都过不去时的麻烦,也可以让急着赶路的后车超车先行。

先找个宽敞的地方让一下吧!

同一车型的宽度大体相当,只要对方没有占据一半以上的路幅,就应该过得去。会车要减速谨慎慢行,只要保证不碰到车外侧的后视镜,一般情况下,会车时就不会发生擦碰。如果对路宽没有把握,最好是停下车来让对面车先行。一旦车辆间发生擦碰,已经停下来的车辆责任轻,也可以说,保持静止是最安全的。

安全会车要点

在宽处等待对面来车经过

即便是窄路上,也有附近居民停车位之类的空地。即便对面来车离自己还远,也要尽早找到空地并停靠其中,等候对方经过。等一等比急急忙忙冲上去而导致擦碰要省时得多。

在交叉口等宽裕的空间等待

交叉口处路幅变宽,可避免窄路会车的高难度操作。等待时尽量停靠在交叉口右侧位置。如果是对方已让行,会车经过时在交叉口处稍微往右打点方向靠右侧行驶,以免会车擦碰。

4. 减速要给后车留出余地

被追尾是女性新手常常遇到的糟心事。女性新手往往缺乏对前方情况变化的预见，遇到突发情况手忙脚乱，常顾不上考虑到后方的情况，容易出现制动过急过猛，从而导致被追尾。例如在路口或拥堵路段，当新手只顾看路口的红绿灯或者前车的动态时，极易忘记后方还有跟着的车辆，再加上女性一般都擅长使用紧急制动，给后车一个措手不及是很正常的。另外，女性刚开始驾驶汽车时常常是顾前不顾后，在踩踏制动踏板时，重一脚轻一脚，很难准确把握制动的力度，制动过急也就成了家常便饭。

提示

女性在驾车过程中要学会用心驾驶，提前处理前方各种情况，避免制动过急过猛。需要制动减速前要注意观察后视镜，照顾到后车，如果后车跟得太近，要提前轻踩制动踏板，也可分几次踩制动踏板，以便制动灯闪亮提示后车，给后车留出反应时间。

5. 看不清楚不要盲目变道

驾驶汽车在道路上每一次变更车道，都存在着危险。女性驾车上路尽量不变道、少变道，才是最安全的。新手驾驶汽车时不开转向灯随意变更车道随处可见。粗野地变更车道，会使驾驶人的形象大打折扣。盲目粗野地变更车道有两种情况：一种是由于在驾校没有学好，不会变更车道；另一种是为了显示自己的驾驶能力，故意为之。不管哪一种情况，驾驶汽车在道路上随意变更车道或频繁变更车道、不开转向灯变更车道、在实线车道突然变道加塞，都会严重破坏正常有序的行驶秩序，影响其他车辆的正常行驶，导致车辆行驶缓慢、交通堵塞，甚至发生刮碰、追尾等交通事故。

女车主的第一本驾驶书

驾车需要变道并线时,首先,必须确认前方道路具备变更车道的条件。其次,更重要的是要多看后视镜,观察后车动态,若看不清楚就不要盲目变道。当确认可以变道时,应提前三四秒打开转向灯,提示后车行驶方向。在行人较多的地方变道时,要与非机动车、行人保持必要的横向间距,并随时通过后视镜观察变道一侧道路的情况,提早判断后面车辆的动态,在不影响其他车辆正常行驶的前提下,缓慢变道。

在这个位置已经不能变道了。

⚠ **注意**

变更车道时,不观察后视镜和不开转向灯都是十分危险的。因为后面跟行的车辆可能意识不到前车变更车道的动态,仍按照正常车速行驶,而没有采取任何避让措施。突然的变道并线还易造成多车追尾,车速过快还很容易造成侧翻事故。

哪有这样开车的!

6. 斑马线前要礼让行人

斑马线也叫人行横道线,是专门为行人横过道路而设置的,行人在斑马线上享有道路优先权。即便是在没有信号灯控制的斑马线上,行人仍然具有路权,一切机动车都要减速让行。

1)驾车接近人行横道线时,要提前减速观察,随时准备停车礼让行人。

2)看到行人正在通过人行横道时,应立即停车让行,千万不要与行人抢行。

3)看到行人在人行横道附近的时候,要有行人突然加速横过人行横道的预见,做好应对准备。

4)看到行人站在行人专用的人行横道绿灯附近时,要预见行人可能按了按钮,信号灯将要变化,此时应及时采取减速措施,随时准备停车,预防行人横过道路。

如果看到人行横道前有停止的车辆,车辆前方形成动态的盲区,一定要停车观察。不要盲目通过,前车可能是停车避让行人,前方盲区里也可能有行人正在通过人行横道。更不要在人行横道及附近直行超车和变道超车。

⚠ **注意**

两侧车辆形成的盲区会挡住视线，此时要提防行动缓慢的行人可能还滞留在人行横道上。

注意客车前面有人！

7. 交叉口转弯要注意避让

女性驾车在路口右转弯，一般会顾右不顾左，躲过了右边却没躲过左边，因此在路口右转弯时发生刮碰事故的比较多。在进入交叉口右转前，要提前打开右转向灯，借助后视镜以及目视，确认周围安全后尽早向右靠。

⚠ **注意**

切记，千万不能只依赖后视镜，一定要向右转头亲自确认右方安全。

注意右侧车辆！

转弯时，前轮和后轮的运动轨迹不同。如果目测失误，后轮就可能骑上道路拐角的路缘石。即便是右转弯车辆有优先通行权，但遇到对面来车突然窜出左转时，也会造成两车刮碰。另外，右转弯时要当心不要刮到从车右边经过的摩托车、非机动车和前方在人行横道行走的行人。

对大多数女性而言,更可怕的情形是左转弯。在交叉口左转弯,最重要的事是注意对面来车,要估算出合适的时机,以使自己在左转弯结束前对面来车还没来到。但对大多女性驾驶人来说,打算左转弯时,对面来车的速度及距离难以判断,会在犹豫不决时错过左转弯机会,从而影响其他车辆通行,甚至造成拥堵。

8. 谨慎通过交叉路口

女性在道路上驾车通过交叉路口时往往会很紧张,担心自己稍有疏忽就会酿成大祸。通过交叉路口时,一定要严格按交通信号指示通行,有交通民警指挥时听从交通民警指挥。"红灯停、绿灯行、黄灯亮时等一等",这个脍炙人口的行车口诀是最实用的。注意观察,确认安全后果断行动,千万不要犹豫不决。

要听交通民警的指挥。

通过路口需要高度重视的情形

01 要注意这些危险车辆。

02 要注意依法让行。

绿灯亮防陷阱

绿灯亮时,要注意观察左、右两侧横向道路的车辆情况,预防有车辆闯红灯。

人行横道让行人

路口人行横道上有行人时,务必停车让行,可用手势示意行人先通过,信号灯变灯的时候,要注意路旁是否有行人窜出来。

第二章 驾车必知：起步、驾驶、停车

03

路口会车防车后

在路口与公交车交会时，要预防公交车后有左转弯的摩托车被遮住，当心后方车辆可能突然窜出向左转弯。

04

右转弯早开转向灯

在没有交通信号灯的路口右转弯时，要及早开启右转向灯，提前向右靠，不要妨碍直行车辆正常通行。

05

防止前车突然变向

跟车通过路口时，要提防前车不开转向灯向左变更车道或在路口左转弯。

06

拥堵路段防违法

在路口或拥堵路段，总会有一些无德的车辆随意加塞或强行变道，要加强提防，避免刮碰。

9. 仔细观察，果断行动进主路

主路上的车辆一辆接一辆地高速行驶，要从路口没有信号灯的小巷子进入主路，是很需要勇气的。进入主路前不要焦急，贸然冲入主路会导致事故。一定要先停下来，估计可以汇入主路的时机，先慢慢地露出车头，待到确认与主路上后方来车有足够距离时，就立刻汇入主路。主路上肯定有信号灯隔断交通流，对新手来说，等到后方没有来车的时候再汇入主路更安全。

要估计好汇入主路的时机。

先停车，估算时机
停下车，观察主路上的交通量和车速，考虑能够在什么时候以什么样的车距进入主路。

开右转向灯前进
打开转向灯后向前移动30厘米左右，露出车头停住向其他车辆示意打算汇入主路。

第二章 驾车必知：起步、驾驶、停车

合流前开左转向灯

合流前打左转向灯，让主路上的后方来车理解己车想要进入主路意图，主路上的后方来车可能在发现己车意图时主动让行。

果断快速地汇流

看准出现足够车距的时机，快速进入主路，但要考虑能否顺利加速汇入主路的交通流。

从停车场等地进入主路，当遇到有通过人行横道的情况时，一定要在进入人行横道前停车，然后缓缓地前进到机动车道边缘，再计算合流的时机。从机动车道穿过人行道进入加油站或商店时也要如此操作，不要立刻进入人行横道，一定要先停下来确认没有行人经过再行车。

 注意

穿过人行横道或路边地带时一定要先停车！

049

10. 驾车时要能预见危险

驾车时，必须认真观察周围的行车环境，交通状况因行车环境不同而不同，所以开车时需要注意的事项也不尽相同。在住宅区，尽管上下班高峰期交通量小，但不能因此而疏忽大意，因为可能有儿童或骑自行车的人突然窜出。在学校附近，必须想到可能有儿童出来，一定要缓慢行驶。在一些狭窄的商业街，人多、车辆多，一定要缓慢通过并时刻注意预测危险。

注意前面的孩子！

要知道实际上路行驶可未必是一直风平浪静的。说不定什么时候就可能有人或物突然窜到跟前，前面的车也可能会突然停车。新手驾车时由于太紧张，往往不知不觉地就会只关注近处而注意不到远处的动态，导致发生异常时应对慢。驾驶高手的水平就体现在能够时刻把握住道路及其周边状况，能提前预测危险。

在以下这些场合你都知道要注意些什么？

01

不要太靠路边！

住宅区
在住宅区行车时要预见到可能有行人或车辆突然出现，经过这些地方时不要太靠路边。

第二章　驾车必知：起步、驾驶、停车

02　注意儿童！

学校、公园

儿童的行为随意性强，难以捉摸。在公园及学校附近行车时，要注意儿童跟在皮球后窜出等意外状况。

03　注意自行车！

疾驰的自行车

驾驶汽车时必须注意，有些骑自行车的人车速过快，可能会突然冲到路中央，使人措手不及。

04　注意老人！

老年人

老年人走路速度非常慢，开车时遇到老年人要进行减速。尤其当老年人转弯或背对己车时，要及时停车让行，不要加速或按喇叭。

05　注意右侧小车的车门！

停止的汽车

路边停止的车，车门可能会突然打开，或者会有人从车靠边一侧突然走出。

11. 不要害怕坡道起步

在山区驾车,坡道起步是很平常的事;在城市里驾车,坡道起步也不罕见。在有坡的路口遇到红灯停车后的起步,或在有上坡的路段、出地下停车场时遇前方车辆停车,也常常需要进行坡道起步。经常听到一些女性议论:"我开车最怕坡起"。实际上,不要害怕坡道起步,更不要因为害怕坡道起步给自己压力,只要抓住要点,坡道也可和平常道路一样平顺起步。

我就怕坡起!

手动挡的车辆起步,关键是对离合器半联动的掌握。当离合器抬到车身抖动的时候,就是离合器处于半联动状态,此时应踏加速踏板适量多给油,在松开驻车制动杆(手刹)的同时,缓抬离合器踏板,车就会平稳起步。

掌握好离合器半联动就能平稳起步!

如果驾驶的是自动挡车，坡起就简单多了，只要挂到2挡或1挡的位置就行，即便遇到非常陡的坡道也能上得去。自动挡车上坡起步的操作方法和在平常道路上一样，缓坡时由于行驶动力抵消重力，基本不会下滑。而在陡坡上重力作用超过了行驶动力时，起步时可能会倒溜，只要有所注意，及时加油就能立刻安全起步行驶。也可采用左脚踩住制动踏板，右脚轻踏加速踏板，然后再松左脚就可以起步而不倒溜了。

上坡行驶要选合适挡位。

⚠ 注意

坡道起步时不仅要注意自己所驾驶的车，还要与前车留有一定间距，防备前车倒溜。在交通堵塞时，如果前后都有车辆，要准备好在变换踏板时稍微快些，不要给后车造成恐慌。

要防止前车后溜!

12. 一定要遵守让行标志

路口设置的停车让行和减速让行是两个非常重要的标志，能否严格地遵守这两个标志，关系到通过路口的安全，也可检验驾驶人是不是有安全意识。

在没有信号灯、视线又不好的交叉口处，凡是有停车让行标志的，就一定要在停止线前停一下，向左转头确认左侧无碍后再缓缓前进，以防事故。

这样既可以让自己看清左右道路状况，也可以让行人及其他车辆发现自己，提醒他们注意。凡是有减速让行标志的路口，就一定要在减速线前减速向左转头观察，确认左右无碍后再加速前进。即便是非常熟悉的路口，也不能疏忽安全确认，千万不要因为视线良好且交通畅通，就麻痹大意而不遵守停车让行或减速让行标志。

看到这个标志必须停车向左转头看！

遇到有拐角的路段时，一定要仔细观察，确认前方横向道路没有行人或车辆经过再继续前进。

⚠ **注意**

不能完全依赖拐角镜，因为拐角镜可能有污损，也可能有死角，所以不一定能准确反映完整信息，但要认识到有拐角镜的地方就是危险的地方，行车时要更加慎重。如果觉得有必要，就暂停一下，确认没有危险后再以最低速度前进。

三、安全停车必须知道的事

停车几乎是女性驾车时感到最头痛的一件事。在单位停车，半天也停不进车位；接孩子在路边停车，揉来揉去就是倒不进车位；在商场的地下车库停车，战战兢兢急出了一身汗，不但没进车位，车还又回到了原来的位置。很多新手明明在驾校将侧方移库和侧方停车训练很熟练，但离开了桩杆的参照，面对真实的环境就束手无策了。有时即便有服务生帮忙指挥，仍然就是停不好，无奈之下只好尴尬地请人帮助停车。

停车本来是一件很简单的事，很多女性驾驶人之所以倒不进去车位，其实是心理问题，离开了桩杆的参照，自己就感到没有把握，

没有信心。另外,驾校的停车"找点"的教学方法,与实际情况相差太远,大多数刚从驾校出来的驾驶人,遇到实际情况时才会深感"找点"的停车技巧训练有误区。

怎么就倒不进去呢?

只要用心,停车就是一件很简单的事。首先要相信自己,放慢车速,在停车过程中好好琢磨琢磨,没有把握的时候可以下车看一下,明白了之后再上车继续操作,不断地进行练习。对每一次的失败,不但要找出原因,更重要的是找到如何修正的方法和规律。只要好好总结经验,很快就会克服"怕停车"的心理障碍,顺利地完成停车入位。

终于停进车位了!

第二章 驾车必知：起步、驾驶、停车

1. 停车必知的十大规则

01 切勿占用消防通道、应急车道

消防通道通常会有明显的标识。为了保证发生意外时救援道路的畅通，即便车位紧张，哪怕把车停得远一些，也一定要避开消防通道。同理，在道路上行驶时也不要占用应急车道停车。

02 不占用别人的车位

在停车空间狭窄时，尽量选择贴近旁车右侧（副驾一侧）停车，以给旁车主驾驶一侧留出空间，至少让旁车驾驶员可以顺利上下车。如果临时停车占用车位，建议车内留一个挪车电话，方便及时联系，避免给别人带来不便和不必要的麻烦。

03 尽量倒车入位

尽量倒车入位，以免离开时由于种种原因造成必须倒车驶离的尴尬情景。如果赶上夜晚或光线不好，倒车总归没有前进行驶来得从容。

04 不要一车占用两个车位。

即便一些地方车位很充足，也要尽量节省空间，将车按照规定停放进车位内。一定不要出现一车占用两个车位的情况，这是一件很没有道德的事情。

05 树下不停车

把车停在树下，其实很不明智。因为有的树上会滴下黏液，而且树底下也比较容易留下鸟粪，这些东西都具有腐蚀性，如果不及时处理，车漆上就会留下一个暗暗的印迹。

06 阳台下不停车

个别住户会高空抛物、吐痰等，车停在阳台下，不仅不卫生，硬物还会在车顶上砸出坑来。在风雨天，老建筑物的墙皮、阳台上的铁栏杆、悬挂物、花盆等都有可能掉下来，因此，停车时最好选远离阳台的位置。

女车主的第一本驾驶书

07 拐弯处不停车

一般情况，老司机都不会在转弯处停车，因为转弯处本身就非常狭窄，再加上汽车需要转弯非常容易跟所停车辆发生剐蹭，尤其是反光镜和前后保险杠，所以如果不是万不得已，千万不要把汽车停在转弯处。

08 雨天不在低洼处停车

下雨天，不要将车停在低洼的地方，比如立交桥下。因为一些排水系统不好的路段，雨后水可能会积得很深。曾有车主将车停在旧小区的低洼路面，结果下了一场暴雨后，竟然发现水没过了车顶。

09 夜间临时停车避免追尾

夜间临时停车，要停在开阔的场地，同时打开危险警告闪光灯双闪和其他小灯，以防止后车在视线不好时发生追尾事故。如果要长时间停车，最好把汽车停放在路灯附近，这样既能避免撞车事故，也能防止汽车被盗。注意：不要长时间开远光灯。

10 停车必须拉紧手刹

停车时必须拉紧手刹（驻车制动手柄）。在部分城市经常会遇到需在坡路上停车的情形。在坡路上停车是需要一些停车技巧的，尤其采用机械驻车制动的汽车，每次都要谨慎地拉手刹和松手刹，因为一不小心汽车会发生溜车。

2. 从右侧停入 T 形车位的诀窍

01

停车位置要选择好!

决定停车位

决定要停车的位置后，事先打开危险警告闪光灯，在车位前先停一下，表明自己要停车。然后前进，方向盘向左打到底，以车右边留点空间、车头偏左的状态先停下来。

第二章 驾车必知：起步、驾驶、停车

向右打方向盘

起步后，方向盘往右打到底，倒车。要注意外轮差，一点点地倒车进车位。

通过右后视镜确认两车间隙

倒车途中要注意右边后视镜，只要能看见两车的间隙就没问题，可以继续倒车。如果间隙太狭窄，感觉危险，就不要勉强，前进一点后再重新倒车。

通过左后视镜确认两车间隙

右车尾进入停车位后，注意观察左侧后视镜，只要能看见与左侧车的间隙没问题就可以继续倒车。如果间隙太狭窄，感觉危险，就要停车前进调整。

向左打方向盘调整

能看到左侧车后角时，就向左打方向盘调整倒车；如果看不到，保持方向慢慢倒车直到能看到，再调整方向。

06

回正方向盘!

车体笔直停入车位
车体超过一半进入车位后,开始回转方向盘,车子完全进入车位后回正方向盘并停正。

3. 平行停入路边车位的诀窍

01

开启危险警告闪光灯提示后方车辆!

占车位要表明意思
找到了想停的车位后,首先打开危险警告闪光灯,表明自己要在该处停车。如果意思表达不明确,可能会被后面的车子抢占了车位,甚至与后续车辆相撞。

02

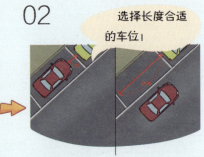

选择长度合适的车位!

停车空间大于1.5倍
侧方位停车时,只要空间长度不小于所要停车辆车长的1.5倍就能进入。但是在不熟练的时候,还是不要选长度恰恰好的空间,而尽量选择宽裕的场所。

注意车头冒出部位

侧方位停车倒车时,左前部往路中央突出,如果不注意,就可能与路上行驶的车子相撞,发生意想不到的事故。

停车时与前车保留间距

停车时和前面车辆保持1米左右的距离,驶出车位就比较顺畅了。停车时,最好车辆两侧都不要紧靠车位标线。

左边不要压车库线

倒车后发现左侧压车位线或与其他车不在一条直线上时,要冷静下来,重新前进后退进行微调。另外,稍微向下调整后视镜,能更好地看清车辆与路缘石的间隙,靠边停车更轻松。

4. 停车场停车诀窍

　　立体停车场、地下停车场、机械式停车场一般都会给人以狭窄黑暗、不好停车的印象。停车场通道及坡道虽然狭窄,但只要慢慢行驶也能安全经过。停车场只要没示意"停满",就一定还有空车位,通常停车场下层的空位多。

提示 进入这些停车场前,为了让其他车辆发现自己,一定不能忘记开灯。

购物中心的停车场与普通的平面停车场相比,也许有人会觉得更难停车,但其实基本是一样的。有些地方有工作人员指引,有些地方有固定指示标志,按照这些指示就能找到车位。

01

根据指示找空车位!

停车场的选择

立体停车场是有多楼层停车位的停车场,每一楼层间有电梯。机械式停车场是用机械装置升降及水平移动停车位,常见的如停车塔。地下停车场是在地下布设的停车场。

⚠ **注意**

由于此类停车场停车位较多,停车后别忘了给自己爱车的车位编号拍个照,不然可不容易找到哦!

02

自己选择吧!

注意停车场的限高

购物中心的立体停车场、地下停车场、机械式停车场、塔式停车场都有一定的高度限制,如果车辆超高,就无法停进去。因此,要事先从手册或说明书上知道自己车辆的高度,在进入停车场前要注意对照停车场的限高标志,确认是否能进去。

第二章 驾车必知：起步、驾驶、停车

> ⚠ **注意**
>
> 不要忘记了天线的高度，有时可能需要落下天线。尤其是驾驶 SUV、MPV 等比较高大的车辆时，要注意限高标志，千万不要盲目地进入车库。很多女性往往因为忽视了高度限制，而被卡在了停车场进口处，进退两难。

03

左车门靠近立柱

地下车位一般是两根立柱中间有几个停车位置。在有选择的情况下，最不好的停车位置是居中。因为停在中间位置时左右都有车，别人开门不小心碰坏己车的概率最大。停车空间最左的车位最好，因为在这个位置停车时，车辆左侧没有车，而在停车空间右侧停车时，己车面对的是旁车前排乘客席的车门，驾驶员开门一般都比较小心，但是乘客的这种意识就比较欠缺了。

> **小提示**

常见停车的一些误区

1. 方向盘打死

方向盘打得越死,转向助力泵的压力就越高。方向盘经常打死会造成转向助力泵长期处于高压状态,加速转向助力泵的损坏。

正确做法:方向盘每次在打死后稍微回一点,不要硬顶着。

2. 原地打方向盘

原地打方向盘不仅会增加转向助力泵的压力,还会加大轮胎的磨损程度,如果在砂石路上原地打方向盘,磨损就更加严重了。

正确做法:车动方向盘动,车停方向盘停。

3. 坡道 P 位驻车

在坡道上停车时,如果只使用 P 位驻车,锁止机构会承担非常大的力,严重时会导致无法解锁。

正确做法:尽量避免在坡道上停车,如果只能停在坡道上,恰好又是自动挡车型,请记住以下操作方法:停车→挂空挡→拉手刹→松刹车再踩刹车→挂 P 位。这样就等于用手刹先固定好车辆再用 P 位锁止。

第三章
女车主新手上路必知

女车主的
第一本驾驶书

由于生理因素、生活习惯和社会影响,导致女性在驾驶方面具有一些典型的特点。女性的天性决定了女性需要比男性掌握更多的驾车知识,养成一些良好的行驶习惯,以免驾驶汽车外出时发生囧事。

女性驾车前最值得做的事情就是要学会了解自己,对自己的行为和驾车可能会出现的状态有正确的认识和分析。如果连自己的生理、心理特点和性格因素都搞不清楚,就难免会成为别人口中的"女司机"。

一、学会了解自己

01 女性相对胆小、细心、慎行,有强烈的安全需要。这使得女性在驾车时谨慎、细致、注意力集中,具有更好的耐力和毅力,不易产生厌倦,很少会出现攻击性驾驶行为,特别是在道路拥堵的时候,女性通常表现出更大的耐心,主观上提高了驾车的安全性。

02 女性在记忆力、判别方向的能力、距离和速度判断能力、反应速度和动作执行能力等方面通常存在一定的劣势。遇突然情况,容易出现差错,易陷入恐慌状态,表现出惊慌失措而忘记采取措施。

03 女性在生理上易发生变化的期间(尤其是经期、哺乳期、更年期前后)极易出现情绪波动,如心烦意乱、焦虑不安、紧张易怒,在这期间,驾车时会出现操作动作不准确,情绪突然波动等状况,易造成交通事故。

⚠ **注意**

当感觉自己不适合开车时,做动作不准确,情绪突然波动,能少开车就少开吧,毕竟现在乘坐网约车、出租车都是很方便的。

二、如何破解女车主五大魔咒

1. 新手的首次行车路线

刚从驾校出来的女性新手,尽管已取得了驾照,但也只不过是取得了驾车上路的合法资格而已,毕竟驾驶还不熟练。上实际道路行驶,对一些女性新手可能仍是很大的挑战。首次行车的体验更是十分重要。由于在驾校学到的东西来应对实际道路驾驶,仍需要一段适应车辆和路况的时间。

首次单独驾车,要先在脑中计划好行车路线,避开交叉口或行人多等驾驶要求高的场所。最好先在家附近交通流量小的路段试开。住宅区附近路段不方便高速行驶,所以其他车也不会开得很快,交通流量也不会太大,很适合进行适应性驾驶。即便是这种情况,也有许多需要注意的，比如从窄路进入宽路，在交叉口转弯，甚至与来车交会，从行人边经过。由于试开路段是自己日常习惯的道路，所以不需太花费精力认路，可以集中注意力来驾驶。

选择好最佳出行路线！

如果是从驾校出来隔了很久没有驾车的新手，上路驾驶心里自然没底，感到不安也很正常。那么，初次驾驶时一定要请驾驶娴熟的人坐到前排乘客席（副驾驶）位置上，以便能够得到建议与提醒，心里也就不那么紧张了。其实，只要开一会儿，就一定能发现驾车其实没那么可怕。毕竟已经在驾校认真学过了，大脑会记住那些操作技能的，多练习几次，就能轻松驾驶了。

前边有一路口，注意哦！

首次行车路线设定诀窍

1）尽量选择主路。窄路上车速不方便提高,而且视线经常受阻。即便稍微绕点远,也尽量选择车少路宽的主路行车。
2）减少转弯次数。路线要尽量简单,少走弯路。转弯次数增加,会增加左转弯的等待时间,或者需要分散精力来确认右转弯时的安全性等。
3）设定好导航。事先在车内设定好导航,尤其在陌生的地方行驶时,导航设备能帮不少忙。也可以事先将行驶路线地图概览打印出来,仔细在脑中过一遍关键点。

千万不要忽视了地图的作用!

4）记住明显的路标。最重要的是要记住在什么地方转弯,最好先记住要转弯的地方有些什么明显的参照物,如加油站、高大建筑物等。

2. 安全平顺的起步

起步时要先看右侧后视镜,确认有没有行人或非机动车经过,再看左侧后视镜有没有车辆靠近,车内后视镜也需要看一下,车后方有没有行人和车辆。确认可以安全起步后,打开左转向灯,再次看看后视镜,条件允许时,可以鸣一下喇叭,但在禁鸣区是不能鸣喇叭的。起步要缓慢、平顺,一边还要观察后视镜,因为可能原来的情况发生了改变,有车辆和行人在起步期间相继靠近车的周围。

驾驶汽车起步后,如何观察是有一定的技术含量的。很多女性新手认为,起步打开左转向灯,其他车辆和行人都会避让,这是很危险的想法。不能将安全行车寄托在别人身上。事实上,绝大多数车辆和行人是不会去躲避的,因为有这种安全意识的人在目前太少了。

为了自己和他人的安全,起步后不要急着往道路中间并线,要注意观察左后视镜内的情况,配合适时的向左后方转头观察,尽可能减少潜伏着的危险,避免事故发生。在商场、小区等停车场起步,还要注意从车辆前方或从后方靠近的行人、非机动车,尤其要注意儿童和老年人,不要刮碰到他们。

3. 副驾驶依赖症

很多女性新手说自己驾车时，右边副驾驶座上没有教练员，心里就会发虚，甚至不敢驾车上路，只要有人坐在副驾驶座上，无论他是谁都行。这就是常说的对教练员的依赖现象，被称为"副驾驶依赖症"。

女性新手有这种副驾驶依赖现象是再平常不过的了。这种依赖现象并不是不可去除的，更不能因此丧失信心。其实，刚上路驾驶时，有驾驶娴熟的人在副驾驶座"坐镇"，能帮助新手尽快适应。

新手根据自己的驾驶能力选择出行路线,以能够轻松驾驶的速度行驶,就能慢慢脱离"副驾驶依赖症",让自己逐渐地能独立安全地驾驶汽车。

只要用心开车,没有克服不了的心理障碍!

4. 不要过度依赖导航设备

导航设备给驾车提供了方便,但新手如果一开始驾车就使用导航设备会产生依赖,无法克服不记路和方向感差的弱点。女性刚驾车时,最重要的是培养选择行车路线和记路的能力,事先查好并选择怎样的路线最省时、最便捷,如途中有什么样的参照物,在哪里转弯才能保障驾车顺利都需事先心里有数。如果车上有车载导航仪,最好是先关闭屏幕,不依赖导航仪强迫自己记路。记路是治疗"路盲"最有效的方法。

克服路盲就一定要养成自己记路的习惯!

> **提示** 在不熟悉的路段驾驶使用车载导航时,一定要提前设置,并对路线进行大致了解后再上路。

5. 女性驾车时的不良习惯

驾车时接打手机

驾车打电话导致事故的风险比通常情况下高出4倍。女性往往做事情比较专一,听电话、聊天、听广播、听音乐都会特别投入,比较容易忘我。有些人不会考虑驾车打手机会分散注意力,危及自己的生命安全,边驾车边打手机谈生意、聊家常、天南海北、兴高采烈,一旦出现紧急情况,基本上都会由于处置不及时,导致交通事故。

驾车时吃零食

一般年轻的女性爱吃零食,就是驾车时也是如此,一手握方向盘一手拿零食的现象时常能见到,这样驾车会分散注意力,易出现操作失误,引发事故。有些女性会在前风窗玻璃处和手制动杆、变速杆处的储物格放置一些水果或零食,而这些没有固定的水果、零食、瓶罐往往会成为事故的罪魁祸首。

03

穿高跟鞋驾车是危险的!

穿高跟鞋驾车

女性穿高跟鞋可以增高、挺拔身姿，但如果是在驾车时穿着高跟鞋，遇到紧急情况时，肯定会影响踩踏板的动作。穿高跟鞋踩制动踏板时，会由于无法踩实，导致踩踏力度比穿平跟鞋小，造成制动距离变长。鞋跟高度增加一分，制动力度就会减小一分，危险就会多一倍。最好的办法是在车内准备一双平底鞋，驾车穿平底鞋不仅安全，还能让双脚休息一下。

04

戴手套驾车容易滑手!

戴尼龙手套开车

不少女性为了防止双手在开车时磨出茧子，会在开车时戴一双尼龙手套或者丝绒手套。这些光滑质地的手套容易导致操作转动方向盘滑手，尤其是在急转弯时，会增加危险性。

05

离出事故不远了？

驾车时不扎系长发

留长发的女性在驾车时散着长发，会觉得比较放松，但遇到紧急情况需要猛回头时，长发可能会遮挡视线，影响观察左右两侧的情况。如果开车窗驾车，窗外吹进车内气流会把头发吹乱，也可能遮挡视线。如果驾车时不断地需要拢长发，那就更危险了，很可能因摆弄头发而导致出现意外情况，安全隐患非常大。

06 车内随意挂物件、放玩具

不少人都喜欢在前风窗玻璃上悬挂一些小饰物、小玩偶，在仪表板上摆放香水，后座上方放着玩偶、小饰品、毛绒玩具或背包、手包等物品。这样做是极其危险的，一是后视镜会被遮挡，导致驾车人无法观察车后的交通状况，易引发危险；二是在紧急制动时，这些物件可能会"飞"起伤人。

07 驾车时佩戴硬性胸饰

越来越多的女性为了给自己增添一点靓丽色彩，喜欢在衣物上佩戴各种挂饰，如胸针。胸针等硬件饰品就成了女性安全驾驶的一个盲区。驾车时佩戴胸针等硬性饰品可能会导致发生致命的伤害。遇突发情况紧急制动时，人的身体会在惯性作用下会猛地往前冲，胸前硬性挂件可能会造成胸骨骨折等严重伤害。

三、如何破解最棘手的三种情形

多数女性感觉最棘手的三种驾驶情形是：侧方位停车、交叉口等待左转、从窄路进入宽路。

1. 侧方位停车

新手感觉最难的可能就是侧方位停车。往往很多倒车入库、侧方停车考试成绩很好的女生，到了实际停车场就傻了眼。经常会看到女性新手在倒进车库时，总是打错方向，三番五次倒不进车位。这主要是由于女性对自己车的两侧和前后的空间把握不准，总怕碰到前后停放的车辆。不少女性新手虽然已经能熟练开车了，但还是不擅长停车入库，所以也不愿意开车出门。

很多新手停车就怕丢面子，总想必须要一次成功停进车位，这就错了，因为即便是技术很熟练的驾驶人，也不一定都能做得到。

找到停车位后，如果自己感到停车没有把握时，尽量不要去托别人代停车。解决这种情况的最好办法，是让停车场的管理员或自己随车会开车的人帮助指挥倒车，但千万不要用不会开车的人帮忙指挥，不会开车的人帮忙会越帮越忙。如果停车找不到人帮助，不要着急，要冷静，首先要考虑的应该是安全，感到没有把握时就停车下来看一下离前后车的距离，可以一次又一次地尝试，反复进行操作、停车、观察、总结规律，直到把车停到刚刚好的位置上为止。时间一长，也就会跟考试一样熟练地进行停车入位了。

2. 交叉口等待左转

新手驾驶汽车在没有箭头灯的交叉路口左转时,看到对面源源不断的直行车,往往怕直行的车辆不让行,不敢向左转弯。绿色信号灯换成黄灯了,也不敢左转,怕闯红灯。等下一个绿灯亮了,还在犹豫不决,等来等去也找不到时机,只好停在路口着急。

在没有箭头灯的交叉路口左转时,有两种方法可供女性们选择。

01 第一种方法是跟着前车左转弯,当看到前方有左转的车辆时,要缓慢跟在前车后面开启左转向灯向左转弯,这样直行车辆看到后会主动减速或停车让行。如果是前面有两辆以上汽车在等待左转时,一般要在停止线后等待最后一辆车的左转机会。若黄灯亮时没有进入停止线,就不要跟车转弯了,贸然转弯易出事故!

02 第二种方法是在绿灯亮时,先慢慢越过停车线向左转,如果看见其他车让行就尽快左转弯,如果其他直行车不让行就停车等待,等黄灯亮时再快速继续左转,此时即便红灯亮了,也不会立刻有车冲过来,切记不要着急。

3. 从窄路进入宽路

新手驾驶汽车从窄路进入宽路,看到宽路上快速奔驰的车辆,就会感觉汇入宽路车流的时机难以把握,往往会被卡在路口处左右为难。如果后面有车催促,那就会更加着急,稍有不慎,就会发生事故。

进入宽路的时机不是等来的,而是自己创造的。从窄路进宽路时,应先开启转向灯,让后面车辆知道自己要进入宽路的方向。然后,缓慢将车头驶出窄路口 30 厘米左右,示意宽路上的车辆自己要进入车流。一旦发现有车辆让行或车流中有空当,应尽快提速进入宽路。

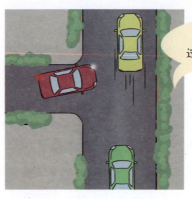

注意,不要错过有利的时机!

小提示

1. 学会看交通标志

新手最容易发生违反交通标志的行为。为了方便观察交通标志,新手在开车时要注意路边、路上方设置的指示牌,弄清交通标志指示的含义后再行车。驾车行至路口前方时要提前减速,注意观察路面和前方路口处的交通标志,正确选择行车路线。

2. 强行并线,不打转向灯

并线的基本原则就是不能影响其他车的正常行驶,并线时一定要把握好时机,如果具有并线条件,一定提前打转向灯,并线动作要干净利落,一气呵成。

第四章
驾校不教的"驾驶经":安全、省钱

女车主的
第一本驾驶书

一、女性必知的安全常识

1. 车内饰品危险知多少

01 香水等挥发性液体
香水挥发后会产生一种易燃气体。夏天，在阳光照射下密闭停放的汽车车内温度会达到65℃，很容易引起香水爆炸。因香水在烈日照射下爆炸而导致汽车着火的事件时有发生。其余如一次性打火机、清新剂、灭蚊剂、女士专用的发胶等，均属易膨胀爆炸的物品。

02 罐装饮料
碳酸罐装饮料很容易膨胀而引起爆裂，因此，一定要随买随喝；或尽量选择一些纸质包装不含气体的果汁饮料。

03 手机、电脑、数码相机等带锂电池的物品
手机、电脑、数码相机等电子产品放置在车内时，容易因暴晒而导致损坏，而锂电池放在车里会更加危险。高温环境下，锂电池会发生鼓包，甚至会有发生爆炸的危险。

以上物品绝对要从车内清理掉，但有一个物品是一定要放在车里的，那就是灭火器。

车里放这么多东西，非常不安全！

小提示

灭火器不要放在行李舱，要放在驾驶位可触及的位置。如果车内发生爆炸引起火灾，或者汽车自燃，配有灭火器能救命。同时，车主应定期检查一下灭火器是否能正常使用（灭火器有质保期，过了质保期后，则喷不出干粉）。另外，车内还应配备救生锤、急救箱、应急手电等应急工具。

2. 驾车的服装要安全舒适

时尚女性与敞篷名车组合而成的画面，给繁杂的城市道路增添了不少的亮丽色彩。但开车并不是件简单的事，有很多需要注意的事项，尤其是女性朋友。爱美、追求时尚服饰，这是女性特有的嗜好。展现女性魅力的裙装、干练利落的短裤、永不落伍的T恤、简单精致的小吊带、艳丽多彩的外套、各式各样的帽子和鞋子，配上颜色鲜艳的爱车的确很美，但如果要开车，还是要先想一下您的服饰是否适合开车。

女性驾车要特别留意穿着应以安全、便利为第一原则。"今天要出席正式场合,要穿高跟鞋。""今天这种搭配必须有这件上衣和这顶帽子,不能脱下。"女性总可能遇到这些情况,并可能也总是这么想的。那就至少在驾驶汽车时换上运动鞋或脱掉厚外套、帽子。

女性夏天驾车最好不要穿过短的裙子,裙子过短在上下车、抬腿踩离合或制动踏板时会不雅观。冬天的厚外套及羽绒服等会妨碍驾驶,最好脱了外套及羽绒服驾车,而风衣这种光滑材质的衣服,最好也避免穿用。至于带兜帽的风雪大衣,兜帽可能会让后背部变厚,导致驾驶位置感变差,最好还是穿夹克衫及薄羊毛衫驾车。

适合驾驶的鞋子,是无跟的中等厚度、有一定弹性的皮鞋、运动鞋、布鞋、胶鞋等。平底鞋是女性驾车时最佳的选择。

穿底厚的鞋踩制动踏板及加速踏板时会找不到感觉,危险!至于无跟凉鞋、拖鞋、松糕鞋及鞋跟高的舞鞋、脚踝被固定住的靴子之类,不但穿上开车不安全,而且会伤到心爱的鞋子,要避免穿用。

女性如果在车内放有供驾驶的鞋子,驾车时换上,下车后再穿上自己喜欢的鞋子就方便多了。

切记,换下的鞋不能放在前座下或前座旁,避免滚至制动踏板下。

不能穿高跟鞋驾车!

很多爱好时尚的女性喜欢戴帽子或太阳镜驾车,帽檐大的帽子会遮住视线,光线太暗时,戴太阳镜会造成视觉延迟出现判断错误。女性驾车最好不要戴帽子和太阳镜,如果戴帽子,帽檐不要遮住视

驾车不要戴深色眼镜!

线也不顶住靠枕；佩戴太阳镜，要选镜片大的浅色镜（如棕色、咖色），为了分辨出信号灯颜色，不要选镜片为红色或黄色的。

3. 驾车的发型，不要妨碍视线

女性驾车时的发型原则上不要使前面的头发及旁边的头发耷下来。留长发的女性，开车前最好将头发固定好，但也不是说只要扎起头发就完事大吉了。如果辫子绑得高，比如高位马尾辫，就可能触到靠枕上，影响舒适性让人开车分心。另外，要避免在能碰到靠枕的位置使用大号的发卡、发夹之类。因此，辫子要绑得低一点，让头发贴着耳朵，不要让头发飘到前面。

头发整理不好会引发事故！

4. 准妈妈尽量少驾车

为了出行方便，年轻的准妈妈常常自己开车外出。从安全和健康角度来说，怀孕期间的女士最好不要开车，尤其是身体不适或妊娠反应强烈的人。妊娠早期（1~12周）和妊娠晚期（28周后）开车，都比较危险。因为妊娠早期比较容易流产；妊娠晚期宝宝慢慢成形，开车时，精神高度紧张不利于准妈妈和胎儿的健康。

很多漂亮的女性热衷于开新车,感觉新车性能好,总喜欢开新车出去,如果是准妈妈,这种做法是非常错误的。准妈妈驾驶的车一定不要太新。刚买来的新车,车内有毒气体的浓度通常较高,这些具有强烈刺激性的气味不仅对准妈妈自身健康不利,更是会对胎儿的发育造成严重的影响。

一些年轻的准妈妈开车时喜欢开窗,认为这样车内空气好,对胎儿的发育有利。呼吸新鲜空气对于准妈妈的身体健康是很重要的,不过行车时开窗要分清时候,在城市拥堵的路面上行驶,汽车的尾气污染堪比"隐形的杀手"。如果在排队等候或遇到冒黑烟的车辆时,则需要暂时关闭车窗。

二、女车主必知的经济账

1. 要不要开车先算账

女性善于精打细算,每隔一段时间都会算一下用车的成本。长时间的费用累计起来肯定是一个不小的数字,总让人感到有经济压力。与其算总账感到费用太高,倒不如一开始就算好经济账,免得心里不舒服。

是不是需要开车,需要提前从以下几个方面算一下账,如果开车没有太大必要,"绿色出行"也是一种环保的选择。

1)行驶的里程?
2)有多少个路口?
3)有没有收费站?
4)需要多少燃油?
5)停车是否方便?
6)打出租车需要多少钱?
7)附近有没有地铁口?
8)附近有没有公交车站?
9)道路是否拥堵?

是要好好算一下经济账的!

2. 节省燃油费用必须知道的事

如果经常用车,就不能忽视燃油费用。其实,燃油费用是可以节约的,主要取决于驾驶方法。一般道路情况下,最省油的行驶速度是60千米/时,而在高速公路上最省油的速度是80~90千米/时。考虑到实际的交通状况,现实中难以维持这种行驶速度,但是仍然可以做很多事来节约燃油费用。

节油要从点滴开始!

一切为了省油!
- 仔细检查胎压。
- 及时更换机油。
- 不要让发动机长时间怠速空转。
- 避开堵塞或交通混杂道路。
- 控制使用空调。
- 不要频繁变更车道。

女车主的第一本驾驶书

不妨给耗油的不良驾驶行为排一下名次，如果不是这样驾驶的，就会节省费用。

排名第一，经常急制动、急起步！
这些带"急"字的操作会多耗燃油。起步时要平缓，停车时要利用惯性。

排名第二，行李舱载物过多！
行李舱中有没有放太多不用的东西？车越重当然就用油越多，要尽量减少行李舱里的东西。

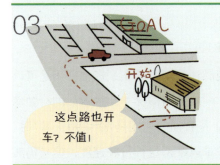

排名第三，经常开短途车！
走十几分钟路就能到达的地方，也要开车去，反复短距离驾车要经常起动发动机、起步、停车，会多耗燃油。能走着去的地方，没有太大必要的，不要短距离驾车。

注意！烧钱的不止是燃油！
驾车时，注意油耗当然很重要，但更刺激账本的是交通违法行为的罚金。为了省一点停车费而被罚违停款，根本不划算。从某种角度看，驾驶时遵守交通法规才是最经济的。

第五章
日常生活中的安全驾驶

女车主的
第一本驾驶书

汽车会给人们的日常生活带来很大的便利，对女性更是如此。多数女性会驾车外出购物、去学校接送孩子、到娱乐场所聚会、串亲访友、外出郊游，这些琐碎的生活都会因为有了汽车而更加方便。驾车外出会遇到多种道路和场所驾驶情形，如住宅区、闹市区、购物中心停车场等，在这些地方驾车，掌握危险预测很重要。

一、住宅区开车

1. 住宅区驾车时危险预测

女性驾车出入住宅区的场合不少，如驾车去朋友家、亲戚家。住宅区道路两侧有树木、电线杆等，视野并不好，难以预见其他车辆的动向。有时儿童及骑自行车的人可能会毫无征兆地从路旁窜出，令人胆战心惊。

住宅区驾车的陷阱正是自己家附近。在不熟悉的路段，人们潜意识中就会谨慎驾驶，而恰恰是在熟悉的地方，就疏于谨慎，怠于戒备。在住宅区驾车，重要的是要始终保持谨慎，要能够预见将出现的各种各样的危险。

2. 视野不佳的住宅区驾驶诀窍

在视野不佳的地方，要让别人知道自己的存在。由于住宅区院墙、树木等导致行车视野不佳，有时很难发现左右是否有汽车过来，所以驾车经过住宅区应减慢车速，保持谨慎。有时一疏忽，刚加速行驶却恰好遇到其他车辆窜出，来不及刹车就会相撞，在不熟悉的地方驾车，尤其要注意。

第五章　日常生活中的安全驾驶

通过小区里的儿童乐园、幼儿园门口、小区公园时，对各种可能发生的情况要有危险预见，如玩耍的小孩子不知道什么时候就会跑出来，追着足球的小孩经常会不顾一切地跟在球的后面。另外，便利店等商店前也有人员进出，务必要注意慢行。在住宅区行车，一定不要鸣喇叭。在住宅区接朋友临时停车时，一定要熄火，以免耗油以及造成污染。

二、闹市变道

1. 变道要果断

在闹市区驾车,最重要的驾驶技能是变更车道。虽然倡导在闹市区尽量不要变道,但难免有变道的情况,例如准备在前方转弯时要提前变道,要左转就要提前进入左边的车道,为了避开施工变窄路段也需要变道。需要变换车道时,明确表示自己意图后,一旦发现机会就要果断地开始变道,不要犹豫不决。

不要错过变道的时机!

2. 向左变道的诀窍

左边车道一般比右边车道车速高,若要以在右边车道的行驶速度变入左道,可能会被左边车道后续车辆追尾。

变道时的距离太近了!

第五章　日常生活中的安全驾驶

与前车保持一定距离

如果左边车道车速比自己所在车道要高，为了跟上速度，需要和自己车道前方车辆保持一定距离，以保障自己车辆能加速并顺利变道。

开启转向灯向左靠

跟上左边车道车速后，确认与该车道上后续车辆距离。如果有足够空间，就开启转向灯向左靠。

目测准备变道

向左靠的过程中，要注意映在后视镜里的车辆，如果发现车辆已不见了，要转头仔细确认有没有车辆跟过来正处于盲区，尤其摩托车之类的小型车辆。

确认有足够空间后慢慢移动

如果后面的车子让出了空间，不要急忙转向，依旧要慢慢变入该车道。另外，还要注意不规矩的汽车及摩托车抢行。

097

3. 要学会克制自己

在交通繁忙的道路，不仅有普通的私家车，还有出租车等营运车辆，甚至还会有大型货车及急救车等。这些车辆有的动向难以掌握，有的会遮蔽视线，最好不要太靠近这些车辆。此外，还要注意一些素质差的驾驶人，尤其是当有的后方来车似乎在挑衅时，不要生气，要学会克制自己，赶快让他先走。遇到这种情况，发火，乱鸣喇叭，挡住道路不让行，只会造成不必要的麻烦。有车辆要强行超车变道时，一旦感到危险，不要迟疑，立刻制动、鸣喇叭。鸣喇叭等于是告诉对方："危险！"不鸣喇叭的话，有时对方意识不到危险，最终酿成事故。

几种需要注意的机动车

出租车

出租车有时会突然停车上下客，尤其是在最里面的车道及交叉路口时，要注意出租车动态，不要追尾。

02

不要跟摩托车赌气!

摩托车

开车经常会遇到骑摩托车的人在车流中窜来窜去，与其强硬地不让人家穿过，不如及早让摩托车过去。

03

保持较大的距离!

大型车辆

跟在大型车辆后面，视线会被挡住。如果前面有大型车辆，就在保持足够车距的前提下及早离开。

04

高级进口车

不是说高级进口车特别危险，而是说万一碰着擦着，保险不够赔，要自掏腰包就很心痛，因此高级进口车也是最好别靠近的车辆之一。

高级车惹不得!

05

学着前面车的方向让行!

急救车或消防车

急救车或消防车过来时，一般人都知道必须让行。但一旦真的听到这些车在鸣叫时，可能会迷惑究竟该往哪边让，这时可往前面的车辆让行的方向让路。

三、如何带孩子出行

1. 准备好儿童安全座椅

驾车带儿童出行，安全是妈妈们最需要关注的。儿童的自我控制能力差，身体肌肉、骨骼都很单薄，在交通事故中非常容易受到伤害。让孩子坐在父母怀里乘车，等于把孩子放到危险的边缘，时刻都会危及幼小的生命。带孩子乘车时，不要将孩子放在前排座椅上，而一定要让孩子坐到后排专用的儿童安全座椅内，系好安全带，锁好车门的儿童安全锁，让危险远离孩子。

很多女性一天中最重要的事情是驾驶汽车接送孩子或带孩子出去玩耍。要知道，带孩子乘车，儿童安全座椅是必需品。每个母亲都要提前准备好符合标准的儿童安全座椅，并事先熟知正确的安装和使用方法。所安装的儿童安全座椅，必须符合使用该座椅的儿童的年龄、体重。绝对不能因为小孩要长大，就事先买大一点的座椅。选购儿童安全座椅时，不要图便宜，重要的是安全性。

第五章　日常生活中的安全驾驶

要给宝宝准备一个合适的安全座椅。

儿童安全座椅选购诀窍

01 靠枕与边壁高度
这些部位用于保护颈部与头部，非常重要。要注意这些地方的靠垫弹性。

02 安装简单与否
买儿童安全座椅时要选择容易穿过汽车安全带的，如果拿不准就请店员帮忙试一试。

03 靠垫能否拆下
因为是小孩子使用，靠垫可能会沾有排泄物、口水、掉下来的食物，所以尽量选择靠垫可拆卸的，以方便清洗。

04 是否适合车上座位
买的时候一定要对照车辆适用表，如果不适用，所买的儿童安全座椅就起不到安全保护的作用，反而可能带来危险。

05 是否符合儿童体格
儿童安全座椅分婴儿用、幼儿用、学童用三种，要随着孩子的长大更换座椅。

06 婴儿用座椅
用于体重不足 10 千克的婴儿。婴儿脖子还没长结实，因此婴儿用的安全座椅其实是让婴儿躺着的。

女车主的第一本驾驶书

07 幼儿用座椅
用于体重9~18千克的幼儿。这时小孩脖子已经长结实了,可以自己坐起来了。

08 学童用座椅
用于体重15~36千克的学童,是安装在普通座椅上专为儿童乘坐所设计的辅助设备。

儿童安全座椅安装诀窍

01 儿童安全座椅一定要远离安全气囊位置!

02 婴儿座椅要注意安装方向!

必须安装在后排座

经常看见有的妈妈把儿童安全座椅安装在副驾驶座上,这是非常危险的。现在,汽车副驾驶座都安装了安全气囊,出了事故安全气囊弹出会让宝宝严重受伤。切记,儿童安全座椅应该装在后排座位上。

婴儿用安全座椅要面朝后

婴儿用安全座椅装在后排座时要面朝后,用安全带牢牢固定儿童安全座椅,婴儿用安全座椅不可以面朝前安装。

注意

不要让小孩坐到副驾驶座上!

副驾驶座是事故死亡率最高的位置。副驾驶座的安全气囊是为成人设计的。安全气囊打开时的冲击,相当于职业拳击手的拳击。千万不要因不严重的冲撞事故引发安全气囊爆出而撞坏了孩子。

致命的一拳!

2. 重视小孩子的教育

驾驶汽车时带孩子,容易遇见各种危险或麻烦。比如,孩子突然哭起来或者调皮吵闹,就会分散母亲的注意力,诱发危险。因此,驾驶汽车出行要带孩子时,尽量由随车的人来照看孩子。因为有时不得不独自驾驶汽车带孩子出行,所以平时要注意教育孩子乘车注意事项,让孩子了解哪些是不准做的事,要让正处在调皮年龄的孩子认识到乘车时的危险。

这样太危险了!

带孩子乘车要注意的五件事

01

坐后排座也要系好安全带!

坐后排座也要系安全带

驾驶汽车时,注意不到后排座,为了防止孩子在后面动来动去,要给儿童系好安全带。

02

电动窗要锁好!

不让小孩触动按钮及开关

小孩子尤其喜欢将车内的按钮和开关当玩具玩,所以一定要锁死,不让小孩操作,尤其是电动窗。

03

千万不要把孩子单独留在车内!

严禁将小孩单独留在车内

夏天,车内温度能短时间上升到40℃以上,离开车子时,一定要带走小孩,不要将之遗忘在车上而发生悲剧。

04

孩子乘车必须要用儿童锁!

下车时也不能疏忽

小孩子在下车时乱跑容易出事故。为了防止小孩自己跑出来,车门一定要锁上儿童锁。

05

告诉孩子车内不是玩耍的地方

常见很多母亲把汽车作为哄孩子的场所,孩子一闹就带孩子开车出去玩,这是一种很不好的做法。久而久之,孩子就会认为汽车是自己玩耍最好的地方,危险的隐患显而易见。年轻的妈妈要记住,从小就要让孩子养成不在汽车里玩耍和远离汽车的意识。

 注意

带小孩长途驾驶的必备品

带小孩长途开车旅行时,要准备一些必备的物品,遇到交通堵塞时小孩上厕所以及小孩晕车时就有备无患了。车内要备的物品包括:常用药品、水杯、零食、便携马桶、晕车药等,还要准备袋子供小孩呕吐时用。

女车主的第一本驾驶书

⚠ **注意**

　　汽车不是孩子玩耍的地方，让孩子从小就知道汽车不是玩具，离得太近或者在汽车周围玩耍都是不行的。让孩子知道汽车随时都会动，在车上玩尖锐物体或在汽车周围玩是很危险的。

四、驾车出行带不带宠物

1. 驾车外出带宠物，妨碍驾驶安全

　　很多女性驾车出行时喜欢把自己心爱的动物带在车上，恨不得每分每秒都和自己可爱的宠物腻在一起。有的一边驾车一边不住地抚摸自己的心肝宝贝，这对安全驾驶很不利。宠物虽然在家里对女主人毕恭毕敬很听话，但乘车途中很有可能随车辆颠簸、车内环境等变化而发生情绪变化，一旦宠物失控，将会干扰驾驶，引发事故。

为了减少驾车外出的麻烦，最好不要带宠物。在外出行很难保证给予宠物优厚的生活待遇，有时会饱一顿饥一顿，亏待了自己的宝贝还不算，一旦宠物生病，那可就束手无策了。要想疼爱自己的宝贝宠物，最好不要带着它驾车出行。如果非要带宠物驾车外出，一定放在专用箱子或笼子里，在车内固定好，并带足食物和必要的药品。

这样对行车安全和宠物健康都是有利的！

2. 带宠物出行必须做的准备

有不少女性认为宠物也是重要的家人之一，驾驶汽车兜风时总是带上宠物。车上带宠物时，最要注意的是水分补给，因为动物非常不耐热，所以一定要带上水。有的宠物就像小孩子一样容易晕车，第一次带宠物上车时要注意观察宠物的状态。此外，为了防止宠物认为汽车是讨厌的东西，带宠物出行要在车中备有宠物零食，先在家附近带宠物兜风熟悉车辆，让它认为在车上是快乐的。

这样会影响驾驶的！

女车主的第一本驾驶书

带宠物长途旅行，需要与近处兜风进行完全不同的准备。首先要调教好宠物，其次要咨询兽医，最后要准备好宠物用品等。尤其是第一次带宠物长途旅行时，行动安排要有提前量。

01 调教
即便平时调教得很好的宠物，一旦到了不同的环境，也可能变得与平常不一样，尤其要好好调教宠物排泄。

02 名牌
准备好写有饲主联络方式的名牌，安在宠物项圈之上，以防在外面走失了宠物。

03 咨询兽医
一般人不知道环境变化会如何影响到宠物，咨询一下自己宠物的兽医，请他看看宠物健康状况是否适合长途旅行。他会提一些建议，比如旅行中的注意事项等。

带宠物时的注意事项

不许坐副驾驶座
宠物坐到副驾驶座位上可能会过来撒娇，这很危险；宠物应该放在笼子里面并放在后座，笼子要用安全带固定好。

要好好补充水分
宠物怕热，要及时补充足够的水分。夏天车内温度会上升得让宠物受不了，离开汽车时一定要带走宠物。

第六章
特殊环境条件的驾驶诀窍

女车主的
第一本驾驶书

在一些特殊的环境里驾驶汽车，是不得已的情况，但总是不可避免的。在这些环境条件下，驾车的要求要高于正常的驾驶，需要更高的驾驶技术。如果没有这方面的驾驶经验，最好不要单独上路驾驶，一旦遇到麻烦会非常棘手。要想在特殊环境条件里，享受安全舒适的驾驶，就需要掌握一些安全驾驶的诀窍，适应环境带来的不利因素，尽情地驾车畅游。

一、夜间驾驶诀窍

1. 挑战夜间驾驶

夜间开车的情形是很多的，比如出去兜风兜得太晚，和朋友出去吃晚饭，送孩子上晚补习班等。在习惯夜间驾驶之前，开夜车让很多女性感到紧张。即便是平时常走的路，夜间看上去也完全陌生。夜间行车时的视野比白天窄得多，速度感觉也相差很大。夜间驾车对女性新手是一个挑战，但只要掌握夜间安全驾驶要点，完全没有必要害怕夜间驾驶。

人的视力在夜间会下降,即便开了前照灯也是如此,因为前照灯所能照射到的范围毕竟有限。女性在夜间驾驶汽车,开近光灯比开远光灯视野要小,于是很难发现没有灯的自行车、穿暗衣服的行人。夜间由于看不清周围,比白天更难预测周围的危险,所以夜晚驾车必须降低车速,要比白天更谨慎,更留心周围。

一定要注意灯光照不到的地方!

2. 正确使用前照灯

夜间驾驶汽车开前照灯不仅仅是为了确保视野良好,更重要的是向周围明示自己的存在,引起其他车辆的注意。傍晚,在灯光能够显示车的轮廓时,就要开启前照灯。而在欧洲规定白天也必须开前照灯,是为了提醒前车看到自己。夜间平常使用近光灯,在太暗而看不清时换用远光灯,但对面来车时一定要换成近光灯,这是行车规则。

一定提前开启车灯!

第六章　特殊环境条件的驾驶诀窍

01

转弯要提前开启转向灯。

提前开启转向灯

夜间转弯或变道前，为了让周围车辆知道自己意图，要提前开启转向灯。不仅可以告知后续的车辆，也能让对面来车知道。

02

夜间不要开启车内灯行车。

尽量不要开车内灯

夜间开车内灯会影响驾驶人透过风窗玻璃看清外面的情况。在行驶中不得不使用车内灯时，要尽量避免长时间使用。

03

对面来车不关前照灯

遇对面来车开远光灯时，不要直视对方灯光，要稍微闪开点视线，感到危险时可靠边停车等待。

不要直视对方灯光。

04

不要靠灯光判断距离。

要注意预防有自行车窜出。

不要依赖"光"来预测

夜间有时只能靠前照灯光的变化来发现其他车辆，但根据车内外后视镜上所映射的灯光无法判断与其他车辆的距离。因此，夜间一般不要仅仅依赖光来判断，要时刻清醒认识到可能有行人窜出或没有灯的自行车出现。

3. 预防"蒸发"现象

"蒸发"现象是指前照灯照射下的人或物仿佛消失的现象,这是夜间会车独有的现象。两车在会车时,在两车前照灯同时照射下的人或物似乎消失了,是因为两车灯的交会处会形成视线盲区。夜间横穿马路的行人站在中央分隔带附近不动时,尤其容易产生这种现象,非常危险。夜间会车时,一旦发现灯光照射下的人或物消失时,要立即停车进行寻找,若抱着侥幸直接通过,发生事故的可能性非常大。

4. 用灯光来交流的技巧

夜间驾驶时,与其他车辆的交流很重要,有经验的驾车者会利用前照灯、尾灯、危险警告闪光灯、转向指示灯等进行交流,以保障行车安全。能根据情况熟练地与其他车辆进行灯光交流,就离驾驶熟手近了一大步了。

看到对方车辆减速并简短闪烁前照灯,意思是请您先过,接受对方好意后可举手(或闪烁两下前照灯)示意道谢。

看到对方车辆加速或至少不减速,并且连续闪烁前照灯,意思是让他先过。

开启转向指示灯，是为了让其他车辆预知自己的动向，开启右转向灯可以示意靠边停车、右转弯、让对方车辆先行。

二、雨天驾驶诀窍

1. 出行前要检查车辆

雨天驾驶汽车出行前，除了按日常出行的常规要求检查车辆外，为了保障雨天行车时的视野，一是要重点检查刮水器工作是否正常、刮水器清洗液是否充足；二是要检查轮胎气压是否正常，雨天路面积水较多，胎压过高或过低，都不安全；三是要仔细检查车灯，确保车灯完好无损、无遮挡，因为雨天行车很多时候都需要用灯光来提示周围的车辆和行人注意。

2. 降低车速保持车距

雨天驾驶视野不好，车轮也容易打滑。女性在驾驶还不熟练时，尽量不要在雨天驾车出行，雨天的确比晴天容易出事故。如果已经不畏惧雨天驾驶了，在上路驾驶时仍要谨慎。

01 要注意保持清爽的视野，留意去除风窗玻璃的霜或脏灰。当车内外温差大，风窗玻璃车内侧结霜上雾时，要及时按下除霜器开关除霜去雾。

02 雨天行车的车速要比平时低，与前后车辆保持足够距离。尽量远离大型车辆，避免大型车辆溅起的水沫影响视线。

03 为了让其他车辆或行人发现自己，并提醒打着伞遮住视线的行人注意，不要忘记开灯。

提 示

雨天行车应提前降低车速。对于未知水深的路段，应下车巡视或者等待。水深超过排气管，容易造成熄火；水深超过保险杠，容易造成空滤、进气口进水。如果过水时熄火，千万不要尝试再打火起动，避免造成发动机更大的损坏。不要高速过水沟、水坑，不要左闪右避，容易使后面车辆误解、造成意外。

要注意观察这些行人的动态!

三、雾（雾霾）天驾驶诀窍

1. 保持视线良好

雾天或雾霾天行车，要开启雾灯、示廓灯、危险警告闪光灯或近光灯，根据能见度选择不同的车速和安全距离行驶。雾较大时，可间歇使用刮水器刮净风窗玻璃上因雾气凝成的小水珠，风窗玻璃内侧凝成水珠可用风窗玻璃除霜功能清除或用干毛巾擦干，保持视线良好。另外，雾霾天行车，要关闭所有车窗，保持车厢内空气不受污染。

2. 雾中不能开远光灯

雾中开远光灯是非常危险的，不仅会使对面来车的驾驶人眩目，还会恶化自己的视界。因为雾中开远光灯，驾驶人眼前就如同浮现着一堵白墙，只会让驾驶人视野更差。不要忘记雾天用灯终究是为了告知别人自己的位置，因此，雾天应开启雾灯。雾灯的黄光在雾中比较显眼，可有效地向别的车辆告知自己位置。

⚠ **注意**

在雾天，车灯并不能拓展视野，雾中的视野是任何灯光都不可能开阔的，因此如果雾过大，应避免驾车出行。

3. 跟车要保持安全距离

雾(雾霾)天跟车行驶,要保持能够看清前车灯光为最近距离,密切注意前车信号灯和制动灯的变化,一定要将制动灯与尾灯区分开来,以免误将前车停车开着的制动灯认为是行驶车辆的尾灯而紧跟行驶导致撞车。

4. 超车一定要谨慎

雾(雾霾)天严禁超越正在行驶的车辆,发现前方车辆靠右边缓慢行驶时,不可盲目从左侧绕行,要考虑到前车是否在避让对面来车。前车向左侧行驶时,要考虑到前车是否在超越障碍或有事故现场，要及时减速观察，跟前车行驶路线绕行。超越路边停放的车辆，要适时鸣喇叭，确认没有起步的意图而对面确无来车后，从左侧低速绕行，同时做好随时停车避让的准备。

5. 会车要主动让行

雾（雾霾）天会车要选择宽阔的路段和地点，关闭雾灯，低速交会。发现对面来车连续切换远近光灯、开启左转向灯或行驶方向偏移等可疑情况，要立即靠边停车避让。两车相会时，车辆之间及行人之间要保持充分的距离，以免发生碰撞和刮擦。前方有障碍物时，会车要留出提前量和安全间距。遇对面来车车速较快，没有让路意图时，要主动减速或靠边停车避让。

6. 保持低速行驶

雾（雾霾）天行车，要严格遵守靠右侧通行的原则，将车速控制在能及时停车的范围内，必须保持视距大于制动停车距离。必要时可多鸣喇叭（非禁鸣区），以引起行人和车辆注意，听到对方车辆鸣喇叭时，要及时鸣喇叭回应。发生道路堵塞时，立即停车，及时开启危险警告闪光灯。

保持低速行驶！

7. 等雾散天晴后再走

遇到浓雾（雾霾）天气能见度较低时，要及时将车开到安全地带或停车场，等能见度好转时再继续行驶。雾中驾车到停车场时，要开启前照灯和危险警告闪光灯。而若附近没有停车场不得不停靠在路边时，也要开启前照灯和危险警告闪光灯，有效地告诉别的车辆自己的位置。

四、雪中驾驶诀窍

1. 仔细评估驾驶能力

年轻的女性喜欢雪天驾驶汽车一起出去赏雪或到滑雪场滑雪。

如果是新手，没有雪路驾驶经验，就不必去冒这个险了。在雪路驾驶，汽车不像在平时道路上驾驶那样容易控制，稍有不慎就会发生侧滑失控，撞碰到路边的房子、电线杆或树上，严重的会发生侧翻或滚下沟壑。要对自己的驾驶能力进行谨慎评估，只有掌握了雪路驾驶技巧，有一定的雪路应急处置驾驶经验，才能驾驶汽车朝着白茫茫的滑雪场前进。

2. 使用雪地轮胎与防滑链

普通轮胎在雪路行驶时容易发生危险，长时间雪路行车一定要使用雪地轮胎或者防滑链。换上雪地轮胎或装上防滑链后，就能在普通轮胎走不了的雪路行驶了。使用防滑链时，要选择与轮胎大小相适合的防滑链，应事先请教并练习安装方法。有的防滑链装卸简便，可以备在车里。有的人会感觉装了防滑链后行驶起来不舒服，现在越来越多的防滑链是用树脂或橡胶材料制成的，行驶舒适性已大有改善。

防滑链安装方法

01

雪路驾驶最好使用防滑链。

套上防滑链缓慢前进

在轮胎上罩上防滑链后缓慢前进，要让轮胎内侧也被防滑链牢牢挂住。

02

防滑链尺寸大小要合适!

配合轮胎，挂钩固定

选择适合轮胎尺寸的防滑链，并用挂钩固定。如果装得过松，行驶中防滑链可能脱落。不可以装不合适的防滑链。

03

装防滑链要固定好!

用定位销牢牢固定

用定位销或止动环等让防滑链固定到轮胎上，要先开一段距离，看看有没有松动。

04

橡胶或树脂材料防滑链尺寸必须准确!

使用橡胶质地防滑链

橡胶或树脂材料的防滑链在行驶中无噪声，乘车感受较好。适合不喜欢金属防滑链的人使用，购买时请别忘了确认尺寸。

3. 雪路驾驶诀窍

雪路与一般路面完全不同，不能按平时的驾驶模式和驾驶方法驾驶。在雪地驾驶时，最重要的是要谨慎再谨慎。与平常的干燥路面相比，雪路暗藏了相当多的危险，但只要掌握雪地驾驶的知识与诀窍，可以尽量规避在雪地驾驶的风险，顺利开车。

出发前先要清除覆盖在车身和车窗玻璃的积雪，积雪会遮挡视线。坐入驾驶座以前，蹭掉鞋底的雪，鞋底潮湿会让加速踏板和制动踏板变滑。另外，也是很重要的一点，就是要留心天气与道路信息，时常留意周围的道路情况。

起步前开启前照灯，因为雪会导致视野不良，所以要通过灯光向周围车辆及行人表明自己存在。车间距要比平常大，留有足够余地。驾驶时要利用低速挡控制速度，转向、加速、制动操作一定要柔缓，确保能随时控制住车辆。

进驾驶室前要蹭掉鞋底的雪！

雪路基本驾驶要领

01

雪路驾驶要用低速挡！

低速挡下缓行

雪地严禁开快车及急制动，建议变速杆切入2挡，在低速下行驶，减速时充分利用发动机制动。

02

雪路驾驶要沿着车辙走！

沿着车辙走

如果地面有车辙，就沿着车辙走，因为车辙上雪较少。但是，要注意早晨或夜晚等时刻，由于温度低，车辙上被挤压的雪会冻结，车辙会比较滑，一定要注意保持低速。

03

跟车距离要比平常大！

保持足够车间距

雪地行车的车间距要比平常的大，如果后面有车接近，最好是让道让行，坡道行驶更要注意车间距。

04

选择干线行驶安全系数大！

选择干线行驶

干线道路行驶的车辆较多，养护人员会及时进行扫雪作业或撒融雪剂，路面上雪较少，应尽可能选择干线行驶。

雪中行车要点

01

> 要保证燃料能到达目的地。

长途行车多加油

雪中低速挡慢速行驶耗油多,如果途中没油了,离加油站又远的话,就非常麻烦了,有时可能威胁到行车安全,应注意及时补充燃油,确保燃料充足。

02

> 雪天可使用雾灯或近光灯。

下雪时前照灯很重要

下雪时开车,前照灯要调成近光,远光灯打在飞舞的雪花上会形成乱反射,可能导致眼前一片白光,在这种状况下驾驶非常危险。如果遇到暴雪,就只能停到路边耐心等待,不要勉强在恶劣天气下驾车,但停车时也不要忘记开前照灯。

03

> 轮胎打滑时,要微微向侧滑一侧转向。

随时感觉轮胎是否打滑

雪路驾驶中,如果感觉方向盘、加速踏板突然变轻,表明车轮可能打滑了,此时千万不要着急,更不能进行急转向或急制动,这时要缓松加速踏板,微微向侧滑一侧调整转向,等待恢复正常。

04

用倒车的方法最好。

脱离轮胎下陷状况

雪中驾驶时，如果不小心让轮胎陷进了道旁的沟堑，脱离这种状况的办法是调整方向，让陷落的轮胎与沟沿呈直角，然后倒车即可出来。如果车的动力不够，无法脱离，则就得想办法先稍稍抬起下沉一侧的车身，脱离陷落状况。

4. 雪地里的停车

雪地停车时首先要找平坦地带。雪地不但路滑，而且停车时不宜拉紧驻车制动，所以不得在不平的地段或坡道停车。如果长时间停车后或者车上积雪很多后，在排气管有雪堵住的情况下起动发动机，一氧化碳会瞬间充满车内，可能会产生一氧化碳中毒的危险。

雪中停车注意事项

01

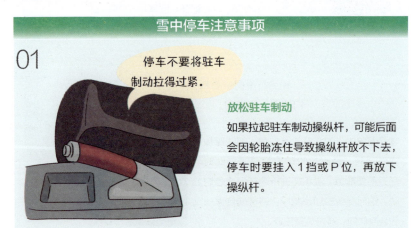

停车不要将驻车制动拉得过紧。

放松驻车制动

如果拉起驻车制动操纵杆，可能后面会因轮胎冻住导致操纵杆放不下去，停车时要挂入1挡或P位，再放下操纵杆。

刮水器片（雨刷片）抬起来

如果停车时，刮水器片放了下来，有可能会和风窗玻璃冻在一起，使橡胶开裂。

注意检查排气口

长时间停车，当车身周围积雪很厚时，再开车前要仔细检查排气口是否堵塞，以防一氧化碳中毒。

融雪剂会导致生锈

为让路上的雪融化而投放的融雪剂会导致车生锈，到了晴天要认真洗车，以彻底清除融雪剂。

5. 当心冻结路面

　　雪天气温降到 0℃ 以下时路面会冻结，此时的路面极滑，因为肉眼无法辨识路面情况，所以可以说这样的路面比积雪路面还要危险。傍晚气温下降，道路有时会突然冻结，导致车辆打滑。快穿过隧道时，看到前面白雪皑皑，说明路面很可能已经冻结。日阴处的温度比想象的低得多，注意日阴处路面是否冻结。桥上风大，桥面更容易冻结，通过时注意降低车速。

楼房的阴影处已结冰,非常滑!

五、山路驾驶必须知道的事

1. 分析山路的特点

驾驶汽车去山中避暑、野营、赏红叶、漫步,是非常浪漫和愉快的事情。有了车,就可以很容易地到山里休闲了。不过,这些休闲活动的共同点是有"山"。一提到山路驾驶,很多人就会想到"下坡速度变快很恐怖""老手才能去"。似乎大部分驾驶汽车进山的人都认为山路不好走,"山路不好走"主要是由于山路有"急弯""坡多""路窄""天变得快"这几个特点。

"山路不好走啊!"

山路驾驶的确不同于平路，如果能消除这些担心，其实没有比在山路驾车更享受的了，既能看到车外景色不断变化，又不会像平地开车那么无聊。想在驾驶之余还能欣赏山间风景，就要做好进山驾驶的功课，即便是为了去休闲，也得掌握山路驾驶的技术。如果您有恐高症，最好就不要自己驾驶汽车走山路。

2. 山路转弯驾驶

弯道可谓山路的精髓，尤其是急弯随处可见。山区弯道即便路面宽敞，也要预防对面突然出现来车来不及减速，在视线不良的转弯地段，更要谨慎驾驶。弯道驾驶只要按最低限速的规定驾驶，就能享受山道驾驶。

在进入弯道前要充分减速，进入弯道时沿着弯道外侧行驶。在弯道中沿着内侧行驶，出弯道时加速并沿着外侧行驶。这样的轨迹简称为"外、内、外"。按此行驶即可圆滑地经过弯道，但是这只针对视况良好的弯道，如果是左转弯道，尤其要注意沿内侧行驶时要防范对面来车冲出。与平坦道路上的弯道不同，山上可能会有突出的岩石或树木等遮蔽视线。在视线不良的地方，不管在山上还是平地，都要减速行驶，这个基础的常识在山路行驶时就更要注意，一定要切实地降低速度。

01

靠山谷行驶时

要当心对面来车冲出他自己的车道，如果有防护栏，那就尽量沿着右侧山谷一侧行驶。另外，要注意雨后等时节，路肩可能下沉，所以要注意观察减速行驶。

02

减速、鸣号、靠右行！

靠山行驶时

如果看到有鸣喇叭标志，一定要按喇叭，让对面来车注意到。另外，如果有后续车辆，则即便自己的速度已经降下来，也要再踩一下制动，提醒后续车辆注意。

3. 山路上下坡驾驶

驾驶汽车在山路上坡时，要根据坡路的坡度提前选择挡位，坡越陡，选用的挡位就越低。一些新手害怕上陡坡时挡位切换，那就可以提前在坡底挂低速挡，一次加速上坡。有时驾驶自动挡汽车用D位上坡时会感到不顺畅，可切换到2挡，此时再加速就会更顺畅。下坡正确选择挡位也很重要，一般情况下，一样坡度的坡路，下坡挡位尽量与上坡挡位一样，可以靠发动机制动控制车速；下坡长时间踩制动，制动部件会因摩擦而升温，影响制动效果，制动效力会降低，以致制动失灵，比较危险。

上陡坡要使用低速挡！

4. 狭窄山路驾驶

在狭窄山路上让新手感觉没底和担心的是会车。旅游景点来往车辆较多的山路一般都是双向二车道的地方，行驶起来通常比较顺畅；但如果要到山间野营场等地，有时会不得不走双向单车道，会车时只要对向两车尽量靠路边，大多能过去。如果觉得过不去，不要勉强，下坡的车子退到转弯口附近，或者采取其他一些措施方便会车。在狭窄山路上会车，重要的是要保持谦让心态。

在较宽的地方停车，等一下对面的车。

01

保持距离跟车行驶！

跟着前车走就轻松了

行驶在狭窄山路时，前面要是有辆车，那就跟在后面，保持适当车距，跟随其避让前方来车，这样就轻松多了。

02

会车时让上坡车辆先行

前方来车时,如果觉得自己继续前进就无处避让,而自己又在下坡,那么就应该靠边让行,或者倒车让行。

让上坡车辆先行!

03

让快车先走

如果后面有来车要求超越,就让路让行,这样可以跟在他的后面,正好有个参照。

让后面的车先行吧!

04

让大车先行

如果遇到大型车在下坡,即便自己车在上坡,还是让大型车先行,因为大型车在山路上行驶起来比小车困难,制动距离长,容易制动失灵,避让是最佳选择。

让下坡的大型车先行!

⚠️ **注意**

走山路要谦让

在平坦的山路上会车，有时候难以辨别谁在上坡谁在下坡。这时最不好的情形就是双方都不让步，都要强行通过，这就难免出事故。出了事故后，才发现与其出事故还不如当初让步，那就叫做追悔莫及。开车时应该保持谦让态度，千万不可斗气、争胜。

5. 山区遇雾天驾驶

山里天气变化很快，其中最麻烦的是雾天。尤其是夏日山道容易起雾，要注意山间多雾。雾天和夜晚不同，即便开前照灯视野也不能恢复，因此雾天尽量不要勉强行车。如果附近有停车场或休息场所，最好谨慎开到那些地方停车等待，等雾散天晴后再走。遇到大雾天气，必须停车等待，严禁继续爬山。

这么大的雾，还是不要进山吧。

在山区风景区行驶，经常会遇到团雾。在这种情况下，一定要降低车速，开启前照灯和危险警告闪光灯。如果前面有车就跟在后面，保持大一点的距离，这是最保险的。如果没有反射板之类的指示物，就以中心线为参照，低速行驶。转弯要沿着设置在山路急弯中心线处的反射板行驶，同时要注意路外侧的弯道诱导标识，如果外侧设置了防护栏，说明弯道外面是山谷。

延伸阅读

如何提高驾驶预判能力

驾驶预判，指对周围环境及道路使用者的动态进行提前判断，以便最大限度地避免潜在的事故发生。

01 过路口时
很多驾驶人过路口时，没有仔细观察，感觉没有行人就加速通过，当行人突然出现时就易导致车祸。要养成过路口提前预判，提前降速仔细观察路口周边情况再通过的好习惯。

02 进出路口时
上环路时，提前打开左转向灯，这样当你一出现在主路时，后方的车辆就可以第一时间注意到你，甚至会减速给你让路，最大避免了事故发生。出环路时，提前200米打转向灯，如果后方车辆不出主路，一般看到你打灯，就会并入内侧车道。

03 跟车行驶时
开车眼光要放长远，跟车时由于车多，会降低行驶速度；此时很多人喜欢跟前车保持很近的距离，这样感觉很累，而且非常危险。建议跟车时车间距放长，不要盯着前面一辆车看，至少观察前方两辆情况，这样跟车会提前看到前车情况，提早做出选择。

04 注意犹豫不决的车辆

如果你的前车一直频繁压线行驶,无故踩刹车,建议提前并线,你可以猜测:"他兴许是不认识路、错过出口、也许是在找车位"。

05 注意公交车

公交车高而且大,严重影响视线,而且它频繁进出站,影响开车效率和速度。最好不跟在公交车后面行驶。

06 注意出租车

如果你前方有出租车行驶,而它又是空载状态,建议尽快并线,因为出租车有可能会随时并线停车载客,如果道路条件不允许,切记不要跟得太近。

07 别跟着大车,别让大车跟着

大货车也会遮挡你的视线,并且大车制动效果与小车相比差远了,影响你对前方的判断。对那些拉着渣土或者垃圾的大货车而言,你要做的很简单,能躲多远躲多远。有不少事故都是在红绿灯路口被大车追尾。

08 准备超车/并线时

提前打转向灯,让其他车辆更早知道你的意图,少招来一些其他车辆的不满,可以避免很多麻烦。不仅是在道路交汇处,在狭窄的路段、小区内,提前打转向灯可以避免很多安全隐患。

09 小区开车需谨慎

小区道路内由于住宅密集,保不齐就会突然跑出个孩子或者小狗什么的,尤其是晚上;在这种不好预判的路段,最重要的预警是:灯光。在小区道路,适当闪灯不仅可以提示路人,还可以让对向车辆注意到你。

第七章
快乐的高速公路驾驶

女车主的
第一本驾驶书

高速公路是现今长途旅行的首选，有些新手不敢上高速公路的主要原因是恐惧高速驾驶或者不擅长并道交汇。这没有什么可怕的，高速公路视野好，没有红绿灯或交叉口，道路基本上也是直线，也没有路边停车或行人。只要掌握了在高速公路驾驶的诀窍，保持集中注意力、谨慎驾驶的态度，比起城镇道路可能会驾驶得更轻松。

一、谨慎驶入高速公路

1. 检查汽车，建立计划

　　驶入高速公路之前，要对车辆进行仔细检查，以免在高速公路上出故障。重点检查燃油量、机油量、冷却液、刮水器清洗液（玻璃水）的余量，要保证余量起码能够顺利到达下一个服务区。如果在服务区之间出现余量不足，那就会在前不着村、后不着店的路段抛锚。此外，高速公路发生爆胎是最危险的，轮胎的沟纹如果磨浅了，轻则容易打滑，重则可能突然爆胎，为了高速行车安全，要确保轮胎沟纹至少深3毫米。

要保证能行驶到下一服务区。

进入高速公路前的一项重要事情，就是要事先确定路线，搜索查询天气情况、路况和交通堵塞信息，建好行程计划，但计划不要安排太紧，要包含一些休息、加油、餐饮或其他意外情况所需的时间，做到心中有数，轻松快乐旅行。

要保证能行驶到下一服务区。

2. 攻克入口收费站

在高速公路驾驶汽车最先碰到的关口就是收费站，有时候因为不好掌握与收费站窗口的距离，交钱时手尽力伸向窗口也够不到收费窗口，或者靠得太近导致车轮擦到路缘石。接近收费站时，尽早选定所要进入的收费口，脑海里想像出路缘石延长线，根据这延长线调整并缓缓靠近。靠近收费站时不要着急，先停车再开窗。有时没有顺利靠近自动取卡的收费点，只有下车去取，取完卡一定不要忘记向后面的车表示歉意。

装有 ETC 收费系统标签的车辆经过收费站很方便，只要尽早找到 ETC 收费口，可以以不高于 20 千米/时的速度不停车直接通过 ETC 专用车道收费口。如果走错了车道，进了普通收费口，ETC 系统就起不了作用。因此，遇到前面有大客车、大货车的话，要事先拉开车距，以免因前方视线被遮挡而走错了车道。

3. 不要选错了车道

经过收费站入口后,前方道路根据目的地而分岔。要注意指示标志的提示,及早确认相应信息,提前进入选择好的车道。这样就可避免在进入匝道的岔口处因选错了车道而变更车道,比较安全。进入匝道后,要遵守限速标志的指示,不要在匝道上超车、停车、掉头、倒车。通过匝道后,不得直接进入行车道,要沿匝道直接进入加速车道,并迅速提速到60千米/时以上。

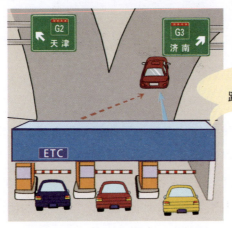

千万不要走错了路口!

4. 汇入车流要掌握时机

进入高速公路后,最让女性新手紧张的就是汇入车流,要在一辆接一辆驶过的车辆中见缝插针,确实需要些勇气。汇入车流时,要看好过往车辆状况,并且在加速车道充分加速。如果不敢加速,就有可能跑到加速车道终点依旧无法汇流,那样更危险。

第七章　快乐的高速公路驾驶

选择正确的角度汇入车流。

切实加速

在加速车道加速使速度达到 60 千米/时以上。加速时开启左转向灯，方向盘稍稍转一点，保持这种状态汇入车流。变道点要设得远一些，要以较小的幅度汇入车流。

看好机会尽快汇入！

选择时机

先选好一辆车做参照，决定好插在这辆车之前还是跟在该车之后，调节速度准备汇入车流。

女车主的第一本驾驶书

二、高速公路愉快驾驶

1. 行车道驾驶诀窍

很多新手驾车上了高速公路后,只知道车速不得低于60千米/时、不得高于120千米/时,并不知道行车道内的玄机,遇到车辆从两侧飞速驶过时,感到不知所措。这不要紧,掌握一些行车道驾驶诀窍后,就可坦然地在高速公路驾驶了。

01 根据自己的车速,正确选择行车道。

记住车道划分

高速车道每条车道都规定了速度区间,根据行车道数量记住每条车道的最低限速和最高限速。如果是上坡,则最右边有时有上坡车道,供速度低的车辆上坡使用。

02 要保持足够的跟车距离。

明确行车间距

在高速公路行车,行驶速度为100千米/时,车间距要保持在100米以上,虽然用不着拘泥于具体数字,但这毕竟是一个很实际的参考标准。

03

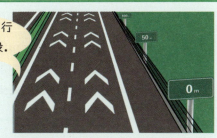

一定要用好行车间距目测路段。

用好确认行车间距路段

高速公路行车不可过分地相信自己对速度的判断,要依据车速表确认车速。由于长时间高速驾驶,驾驶人对车间距离的判断会出现错觉,所以高速公每隔一段距离,都专门设有供驾驶人确认行车间距的路段,用于检验速度为100千米/时与前车的车间距离的判断是否正确。行车中要充分利用行车间距确认路段,调整与前车的行车间距和速度。

04

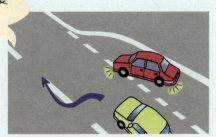

它不讲理,为了安全还是让一下吧!

注意汇流进来的车辆

要注意从服务区或匝道汇入进来的车辆,如果发现有车辆要汇入车流时,可采取变换车道的措施,互相谦让,行车环境会更好。

05

变道一定不要忘了看看后视镜!

变道要平缓

变更车道前,要看准变道一侧车道的后方有没有车辆,确认安全后开启转向灯,缓慢小幅度转动方向盘变更车道,变道时的行车轨迹要平缓。变道中要多看看后视镜,不能影响其他车辆的正常行驶,并要警惕突然高速驶来的车辆引发事故。

06 制动要适可而止

高速公路原本的设计,就是除了堵塞等情形外,车辆基本不需要使用制动,经常在高速公路使用制动会阻碍其他车辆行驶,而且非常危险。要通过加速踏板控制来合理调节速度,并保证足够的车间距。

2. 高速公路看标志的诀窍

高速公路上的标志和普通道路上的不同,颜色和信息都是根据高速行驶的特点设计的。最常见的是地名标志、服务区及匝道口标志、分岔标志、出口标志、预告标志等。其他还有电子屏幕显示的交通信息及天气信息。由于在高速公路行驶时经常受雨雪雾、横风影响,所以较之于普通道路,天气信息更显重要。一般情况下,高速公路上视野良好,标志易于辨识。要根据标志或电子显示屏上的信息预见前方路况,提前采取措施或加以警觉,这样可以防止因驾驶单调而导致注意力不集中。

要注意观察可变标志的提示。

第七章　快乐的高速公路驾驶

01

感到疲劳一定要到服务区休息。

保持适当警惕

高速公路没有红绿灯，沿着道路行驶相当长的距离，这会使得驾驶者的注意力下降。驾驶要注意辨识各个标志，一边确认现在位置，一边盘算在前方路段如何行驶，保持适当的警惕。

02

不急，前方还有一个标志！

漏看一个标志也无妨

即便漏看了一个标志，一般前方没多远还有一个相同目的的标志，所以用不着焦急，可冷静放心地驾驶。

03

查一下今天的天气吧！

确认交通信息、天气信息

仔细查一下堵塞、交通限制信息以及有没有因为天气原因而限速等，尽量在驾驶时对前方路况有所了解。恶劣天气下的高速公路行驶有危险，如果事先得知了一些信息，就可以调整或选择其他道路行驶。

04

看到施工等车辆要注意避开。

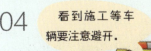

注意作业车辆

注意道路上作业区标志以及正在施工的车辆等，一旦发现就要及时减速，按照标志或施工人员指挥变换车道避开，并提醒后续车辆注意。

05

"风向标会告诉你风的方向!"

注意横风标志

根据横风警示标志及风向标等注意山涧、桥梁上的横风,高速行驶中突然遭遇横风会使车辆受很大干扰,如果没有提前准备,会发生车辆偏移的危险。

06

"标志会告诉你服务区的位置,要提前选好。"

选择需要的服务区

高速公路服务区几乎是每个享受高速公路通行的人必到之处,要注意高速公路服务区的标志,有的标有停车场、加油站、修理厂、餐馆,有的标有停车场、咖啡或饮品,有的只有停车场,可根据需要参考标志选择不同的服务区。

3. 分岔、匝道驾驶诀窍

在高速公路行驶让新手颇为紧张的是经过分岔口。这些分岔道既有通往其他地方的连接线,也有进入高速公路之后立体交叉口的交互线,还有通向服务区、出口的岔道。不管在分岔口还是在匝道,都要看清标志,提前准备,比如提前变更车道,这样做是为了行驶得更安全。

谁都想避免误入岔道,如果已经临近岔道口,就不要勉强进入。临到了分岔口突然改变车道、减速甚至倒车非常危险。为了安全,放弃有时也很重要,干脆将错就错,直接行驶到下一路口再出来,另想办法。

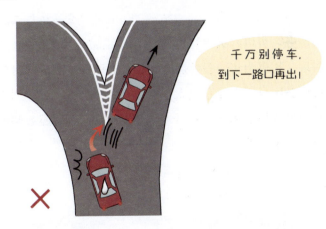

出高速公路进收费站、进立交连接匝道或服务区时,要下意识地进行减速。因为如果习惯了之前的高速,不刻意进行减速,单纯靠感觉来判断速度会出现误差导致危险。一定要看看仪表盘上的速度显示,按照速度表上的数字控制车速,逐渐完成由高速转入一般速度的适应过程。

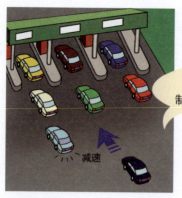

要看速度表控制车速!

减速

4. 有效利用服务区

高速公路每隔一段距离就设置一处服务区，服务区内有餐馆、休息处、卫生间、商店和加油站等，还能提供交通信息查询服务。有不少服务区可以购买土特产，吃当地名品，有些服务区还有当地特色餐厅，提供出售快餐等服务，让人得以在休息的同时享受这些服务。服务区只用于休息就太浪费了，要一边休息一边利用各种设施，在服务区稍事休息的同时，可愉快地享受各种服务后再继续高速公路的快乐驾驶。

服务区也是一个可以休闲一下的地方!

5. 克服疲劳的诀窍

在高速公路驾驶，持续紧张或单调的路况，都会使人出现疲劳，必须及时休息。可以事先计划好何时在何地休息，如果感到累了、困了，一定不要勉强驾驶，最好就近进附近的服务区或停车场休息，休息后再抖擞精神继续驾驶。如果有必要，也可使用一些解困用品和方法，如嚼口香糖、聊天、听音乐、冷敷眼睛、按摩穴位、喝咖啡、滴眼药水等，但这只能是暂时的应急方法，不能从根本上解决疲劳，只有在休息场所小睡，才是解除疲劳的唯一有效方法。

在高速公路上，有时会看到忽左忽右蛇形的车辆，这些车辆的驾驶人很有可能是在疲劳驾驶。遇到这种车辆，尽量不要靠近，要找到比较稳妥的空间和时机尽快超越。另外，也可以到附近服务区休息一会儿躲避此车辆，不管怎样，疲劳驾驶是高速公路行车的大敌。

> **提 示**
>
> 连续驾驶4小时以上，停车休息的时间不得少于20分钟。当驾驶员驾驶车辆开始感到困倦时，切忌继续驾驶，应迅速在安全区域停车，采取有效措施，缓解疲劳状态之后再继续行驶。

6. 遇到拥堵不要烦躁

谁都不想遇到堵车，高速公路堵塞时既不能下车去卫生间，又不能绕道，让人进退两难，所以要事先在服务区或通过电子信息板查看堵塞信息，尽量避开堵塞路段。真要遇上了堵车，再怎么烦躁也没用。有些车不停地变换车道，希望尽可能地前进一点，但其实也前进不了多远，而频繁变道反而容易出事故。另外，高速公路上一旦发生前方交通堵塞，容易因后续车辆没及时注意到堵塞而追尾前车；发现前方道路堵塞时，千万不要迅速减速停车，要缓慢减速并先开启危险警告闪光灯通知后面车辆前方堵塞，再缓慢依次停车等待。

停车前打开危险警告闪光灯通知后面车辆！

7. 雨天安全对策

高速公路驾车遇下雨，视线会极端模糊，此时首先要减速，开启前照灯，使用刮水器，如果风窗玻璃结霜了，就要开启除霜器，保持良好的视野。

雨天一定要保持清晰的视线！

刚下雨时,路面的危险超乎想像,路面看上去还没怎么潮湿,但实际上已经很滑了。少量的雨水裹着道路上的油分与灰尘,使得路面像被打了一层蜡,此时车辆容易因打滑而出事。

雨中高速行驶最怕遇见的就是湿路滑胎的"水滑"现象,当车轮的排水极限被超越,轮胎与路面间所结成的水膜导致路面非常滑,驾驶操纵失灵。一旦发生湿路滑胎的"水滑"现象,就会感觉方向盘似乎变轻了,这时如果慌慌张张地踩制动或者打方向盘,可能发生翻车事故。

雨天在高速公路行车,还是得慎重,遇到暴雨天气,可以考虑去服务区暂时躲避或者改用普通道路。